내 안의 차별주의자

내 안의 차별주의자

보통 사람들의 욕망에 숨어든
차별적 시선

라우라 비스뵈크 지음

장혜경 옮김

심플라이프

차례

chapter 8 정치 politics

독선과 멸시의 작동원리

극우 정당을 찍는 유권자는 멍청하다고 생각하는 젊은 여성과 외국인 노동자와 이민자는 사회를 좀먹는 기생충이라고 생각하는 중년 남성의 공통점은 무엇일까? 아마 그들 스스로가 인정하는 것보다 훨씬 많은 공통점이 있을 것이다. 두 사람의 생각은 다르지만 원칙은 같기 때문이다. 두 사람 모두 편견에 기반해 한 사회 집단 전체를 멸시하고 그로 인해 생산적인 대화의 기회를 날려버린다.

물론 이들의 행동도 그 자체로는 특별할 것이 없다. 사회 공동체는 '우리'와 '남들'의 구분을 기틀 삼아 경계를 짓는다. 다만 남들이 단순히 우리와 다른 차원을 넘어 우리보다 열등하다고 믿는 경우가 허다하다. 왜 그럴까? 인간은 긍정적 자아상을 구축하고 지키려 노력하기 때문이다. 폴란드 사회심리학자 헨리 타이펠(Henri Tajfel)에 따르면 인간의 사회적 정체성은 자기인식에 지대한 영향을 미친다고 한다. 물론 그러기 위한 기본 조건은 자기 집단에 대한 긍정적 평가이다. 또 범주화, 비교, 차별을 통한 주변 환경의 정리가 필요하다. 특징을 기준으로 주변 사람들을 이민자, 페미니스트, 인종주의자 등의 여러 집단으로 나누는 것이다. 그러자면 집단 구성원들의 통일과 집단끼리의 명확한 구분이 필수적이다. 가령 내가 어떤 사람과 정말로 다르다면 그건 다른 집단에 속해 있기 때문이다. 경계 짓기는 평가와 결합되고 바람직하거나 경멸스러운 특징과 연계된다. 그리고 상대와 비교하여 자신의 가치를 더 높거나 낮다고 분류한다. 물론 자기 가치가 더 높다고 분류하는 쪽이 자아상에 더 유익한 영향을 미칠 것이다.

하지만 '우리'는 변치 않는 상수가 아니다. 같은 사람도 상황에 따라 행동이 달라진다. 축구장에서 '우리'는 함께 뛰는 팀과 팬들이고 '남들'은 상대 팀과 그 팀의 팬들이다. 단골 술집에서 '우리'는 목요일마다 모여 맥주 한잔하는 친구들이고 '남들'은 즐거운 술자리를 방해하는 시끄러운 관광객들이다. 때로는 '우리'가 '남들'이 될 수 있다. 아이들 학교에서 '우리'는 영양가 있는 급식을 위해 함께 싸우는 학부모들이지만 부동산에선 학교 근처 마당 있는 큰 집을 두고 경쟁을 벌이는 '남들'이다.

그리고 '남들'을 가르는 기준이 황당할 때도 많다. 일이 없어

오래 놀다가 겨우 일자리를 구한 사람들이 실업자를 보면서 일할 의지가 없다고 비난하거나, 자신도 망명자였으면서 망명 신청을 한 외국인을 향해 손가락질한다. 언뜻 생각하면 자신이 겪어봤으니 상대의 어려움을 누구보다 잘 이해할 것 같지만 현실은 그렇지가 않다. '남들'이 상징적 기능을 하기 때문이다. 그런 손가락질을 통해 나는 일할 의지가 넘치는 사람들 편이고, 이미 이 나라 사람이 다 되었기에 저 '남들'과 엮이고 싶지 않다는 뜻을 전하려는 것이다.

그러므로 자신의 가치와 만족은 항상 상대적이고 비교 집단에 달려 있다. 더 나은 집단에 속해 있다고 착각하고 '남들'을 깎아내리면 만족감도 더해진다. 하지만 자신을 더 높여 얻는 이런 즐거움이 대가가 없을 수 없다. 중산층과 다수가 경계를 긋고 자기보다 못한 사람들을 멸시한다면 사회를 떠받치는 중추가 흔들리는 격이므로 민주주의 사회의 안정이 크게 위태로워질 것이다.

남을 내려다보는 시선은 사회적 지위에만 좌우되는 것이 아니다. 의식적이건 무의식적이건 남을 향한 경멸과 혐오는 어디에나 있다. 가령 환경 보호를 외치며 시위를 하는 사람들은 환경 의식이 없는 사람들을 경멸할 것이고 명품 가방을 들고 다니는 사람들은 싸구려 가방을 든 사람들을 속으로 멸시할 것이다. 성공과 소비, 비교가 대세인 사회에선 누구나 남을 평가하고 판단한다. 교육 역시 이런 의식적, 무의식적 교만에서 자유롭지 못하다. 적지 않은 지식인들이 극우 정당에 투표하는 멍청한 유권자들에게 손가락질을 하며 만족을 느낀다. 사람들은 자신을 높여 자존감을 키운다. 자기 마음 편하자고 남을 향해 독선의 눈길을 보낸다.

특히 자신이 추구하는 가치가 옳다고 확신하는 사람들이 이런 독선에 취약하다. 가슴에 손을 얹고 물어보자. 우리도 때로 그렇게 생각하지 않는가? 우리 생각이 옳은데 왜 저 바보들은 이해를 못 하는 걸까? 하지만 그런 식의 최종 결론은 대화의 문을 닫는다. 상대에게 '바보', '잘난척쟁이', '성차별주의자', '사회악', '기생충', '인종차별주의자' 같은 꼬리표를 붙여 파일에 착착 정리를 해버리면 상호 이해를 위한 대화는 애당초 불가능해진다. 이것이 모두가 가장 많이 헷갈리는 지점이다. 누군가를 이해한다는 말이 곧 그의 의견이나 행동을 이해하고 그의 관점에 동의한다는 뜻은 아니기 때문이다.

꼭 멸시의 말을 입 밖으로 내지 않아도 된다. 몰래 조용히 무시하고 외면하는 방법으로도 특정 집단의 관심사가 표현될 수 있다. 또 멸시하거나 경멸할 의도가 없었다고 해도 그 멸시를 당하는 당사자에게는 비슷한 효과를 발휘할 수 있다. 가령 우리 사회에 장애인이 차지할 자리는 없다고 아무도 대놓고 말하지 않는다. 하지만 비장애인은 장애인의 욕구를 무시함으로써 그들의 자리를 빼앗는다. 도시나 건물은 대부분 비장애인이 만든다. 따라서 도시 계획과 건물 설계에 누구의 욕구를 반영할 것인지는 비장애인이 결정할 수 있다. 당연히 지금까지의 설계도는 장애인의 요구 사항을 중심 가치로 두지 않았다.

언론의 태도 역시 무시를 통한 멸시의 시스템이 매우 두드러진다. 특정 집단이 신문에 더 많이 등장하고 영화 화면에서 더 자주 눈에 띈다. 당신이 오스트리아에 사는 흑인 여성인데 TV 진행자와 영화 주인공이 대부분 백인 남성이라고 상상해보라. 당신과 같은 인종의 사람들은 전혀 언론에 노출되지 않는다고 상상해보라. 의도적이고 '적극적인' 멸시는 없지만 누가 봐도 명확하다. 결과적으로 볼 때 불충분한 인식과 배려 역시 멸시의 한 형태이다. 그것이 이곳엔 당신이 있을 자리가 없다고 알리는 상징적 언어이기 때문이다.

이 책은 소속 범주로서의 '우리'가 노동, 성별, 이민, 빈곤, 재산, 범죄, 소비, 관심, 정치의 영역에서 어떤 구조를 띠는지, 또 그 안에서 '남들'을 바라보는 독선적 시선이 어떻게 표현되는지를 살필 것이다. 그를 통해 타인의 자질과 능력에 대한 폄하가 경계 짓기와 소속감, 인정 욕구를 반영한다는 사실을 밝히려 한다.

다른 생각을 갖고 다르게 사는 사람을 어떻게 대해야 할까? 다른 생각을 하면 절로 이류 인간이 되는 것일까? 얼마만큼 우리는 우리의 의견이 절대적 진리가 아니며 상황의 산물이라는 사실을 깨달을 수 있을까? 함부로 타인에게 손가락질하지 않고, 자신과 타인의 판단을 비판적으로 바라볼 수 있는 계기가 되는 것, 그것이 이 책의 바람이다.

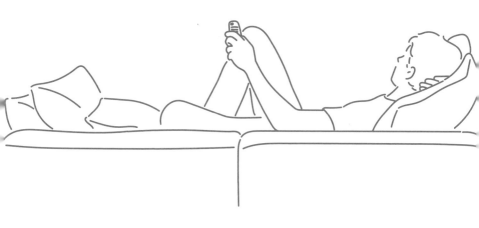

번아웃과 혁명은
서로를 배제한다

— 한병철

1980년 이후 노동 시장은 큰 변화를 겪었다. 산업 사회는 서비스 사회로 전환되었고, 여성의 경제 활동이 늘면서 가족을 부양하는 남성 가장이라는 관념이 줄었으며, 업무의 프로젝트적 성격이 강해지고, 공장은 저임금 지역으로 이동하고 기업 조직은 유연해졌다. 노동자의 개별화와 자기 책임이 강조되고 저임금 일자리가 늘어났으며, 파트타임, 아르바이트, 비정규직, 프리랜서 등 고용 형태가 다변화하면서 노조의 힘이 약해지고 임금 불평등이 심화되었다.

동시에 노동의 이미지도 많이 바뀌었다. 이제 일은 먹고살기 위한 방편이 아니라 자아실현과 정체성 구축의 장이 되었다. 돈 벌러 일하러 간다는 논리적인 접근 방식은 유행이 지나도 한참 지난 고리타분한 사고방식이다. 자고로 직업엔 열정이 필요하다. 그러나 자아실현과 자기 착취는 한 끗 차이이며, 일에 대한 사랑은 현실이 아니라 가상일 때가 많다. 왜 그럴까? 그 이유를 1부 1장에서 다루려 한다.

2장에서는 육체노동과 정신노동의 차이를 다룰 것이다. 한쪽에서는 노가다들이 머리가 나빠서 생각 없이 시키는 일만 한다고 여기고, 반대쪽에선 대가리에 먹물 든 것들은 하는 일도 없이 주둥이만 나불거린다고 여기면서 서로를 독선의 시선으로 바라본다. 이런 분열은 어디서 왔으며 왜 대학 졸업자들도 몸 쓰는 일을 하고 싶어 하는지, 그것이 2장에서 살펴볼 주제이다.

1

'좋아하는 일을 하라'는
지상 명제

흔한 성공론에 숨겨진 엘리트주의

어떤 직업을 택해야 자아실현의 꿈을 가장 잘 이룰 수 있을까? 어떻게 해야 열정을 직업으로 승화시킬 수 있을까? 역사적으로 볼 때 대단히 새로운 질문들이다. 지금껏 이런 질문들은 직업 선택에서 부차적인 역할밖에 하지 못했다. 그러나 우리 시대에는 너도나도 '좋아하는 일을 하라!'는 마법의 주문을 외쳐댄다. 열정을 좇아 열심히 일하고 자신을 굳게 믿으면 못 이룰 일이 없다! 이 유명한 아메리칸드림의 신화는 오늘날 전 세계 젊은이의 의욕을 고취하는 주문이 되어버렸다. 소셜 미디어에는 열정을 좇아 일을 택

했더니 크게 성공했다는 기업인들의 명언이 넘쳐난다.

언뜻 듣기엔 틀린 데가 하나도 없는 말이다. 즐거운데 돈까지 벌 수 있다니, 왜 그런 것을 마다하겠는가? 당연히 찾아나서야 마땅하다. 하지만 왜 열정을 굳이 돈과 교환해야 하며 왜 굳이 의무로 만들어야 할까? 취미가 즐거운 것은 목적 없이 즐기기 때문이지 않은가? 물론 우리는 삶의 많은 시간을 일을 하며 보내기에 자신의 직업에 자부심을 느낄 수 있다면, 아니 조금이라도 좋아할 수 있다면 삶도 훨씬 아름답고 수월할 것이다.

그러나 '좋아하는 일을 하라'는 외침은 위장되고 은폐된 엘리트주의이다. 항상 열정만 좇으며 살 수 있는 사람이 과연 얼마나 되겠는가? 부모가 대학 등록금과 집세와 용돈을 다 대주는 젊은이라면 그럴 수도 있을 것이다. 하지만 누구의 도움도 받지 못하고 혼자서 아이들을 키워야 하는 한 부모 가정이라면 절대 불가능할 일이다. 열정을 바친 직업은 특권층에서 자기 최적화의 우아한 몸짓이 된다. 그들이 생각하는 직업은 돈과 교환하는 것이 아니라 자아실현의 행위이다. 자아는 직업을 통해 마침내 정당화된다. 그래픽 디자이너로 일하는 것이 아니라 내가 그래픽 디자이너인 것이다.

특히 미국에서 정체성을 직업과 결부하는 추세가 강하다. 집세를 내기 위해 하루 8시간 뼈 빠지게 일해야 하는 사람이 자신이라는 사실을 인정하고 싶지 않은 것이다. 그런 미국적 현상이 점차 우리 사회 곳곳으로도 침투하고 있다. 그러나 우리 사회에서는 아직 직업을 통한 자아실현이라는 이상이 낯설고 새로운 관념이다. 우리 부모 세대만 해도 일이 즐거워야 한다거나 열정을 표현해야 한다는 말을 들으면 팔자 편해 자기밖에 모르는 인간들이 철이 없어서 지껄이는 소리라며 무시해버렸을 것이다. 하긴 지금까지도 이런 분위기는 여전하다. 열정을 직업으로 삼을 만큼 돈이 많고 자유로운 사람이 과연 몇이나 되겠는가?

성공을 바란다고 해서 꼭 성공을 목표로 삼을 필요는 없다. 자기가 좋아하고 신뢰하는 일을 하면 성공이 자연스럽게 따라올 것이다.

이 말은 유명한 영국 저널리스트이자 TV 진행자 데이비드 프로스트(David Frost)의 입에서 나왔다. 그는 그 유명하다는 케임브리지대학교를 졸업했다. 스티브 잡스의 말들도 페이스북이나 인스타그램에서 자주 인용된다. 그중에서 제일 유명한 것이 2005년 6월 스탠퍼드대학교 졸업생들에게 한 당부 연설이다.

자신이 좋아하는 일을 찾아야 합니다. 그리고 자신의 애인에게 하듯 자신의 일에 충실하세요. 그럼 당신의 일이 당신 삶의 큰 부분을 채울 것입니다. 진실로 만족할 수 있는 유일한 길은 자신이 위대하다고 믿는 일을 하는 것입니다. 그리고 위대한 일을 할 수 있는 유일한 길은 자신이 하는 일을 사랑하는 것입니다.

이 짧은 몇 문장에 '당신'과 '자신'이라는 말이 정말 많이 나온 다. 미야 토쿠미츠(Miya Tokumitsu) 역시 『열정 절벽』에서 이 주제를 다루었고, 열정적이고 성실한 노동자의 이미지를 구축해온 스티 브 잡스가 이토록 강하게 '자신'에게 초점을 맞춘 것은 놀랄 일이 아니라고 주장했다.[1] 그러나 애플의 성공을 잡스 개인의 사랑과 열정의 결과인 양 선전하는 것은 지구 반대편의 애플 공장에서 열 심히 일하는 수천 노동자의 땀과 노동을 외면하는 짓이다. 스티브 잡스가 일을 사랑할 수 있었던 것도 사실은 다 이들의 노동 덕분 이다.

오프라 윈프리 역시 '좋아하는 일을 하라'는 주문의 선두 주자 이다.

좋아하는 일을 하면 그 일이 당신을 채울 것이고 나머지는 절로 따 라올 것이다.

윈프리는 이 주문을 모두(당신)에게 던졌다. 물론 그녀의 경우 는 그랬는지 모른다. 윈프리에게는 그 주문이 통했는지 모른다. 하지만 자신의 경험을 모두에게 통하는 법칙인 양 일반화할 수는 없다. 실제 이런 구원의 약속은 매우 허약한 기반 위에 서 있다. 윈 프리의 말대로 좋아하는 일을 해서 성공했다면 그건 자기 덕이다. 거꾸로 성공하지 못했다면 그건 일을 충분히 사랑하지 않았기 때 문이다. 그러니 윈프리의 법칙은 어떻게 해도 다 맞게 되어 있다.

사회적 출신이나 경제적 배경 같은 장애물을 은폐하는 스티브 잡스나 오프라 윈프리의 성공 사례는 어디에나 존재한다. 열정을 다해 일을 했음에도 실패한 수많은 사람들의 이야기는 거의 들을 수가 없다. 모범 사례로 소개되는 사람들은 좋아하는 일을 직업으로 삼았을 뿐 아니라 그 일로 엄청난 상업적 성공을 거둔 사람들이다. 사회학자 니콜 아쇼프(Nicole Aschoff)가 말한 '자본주의의 선지자들'[2]도 이런 맥락에서 나온 말이다. 페이스북 공동 경영자 셰릴 샌드버그, 마이크로소프트를 설립한 백만장자 빌 게이츠, 토크쇼 사회자 오프라 윈프리, 이들 모두는 진보 사상가의 가면을 쓴 채 자본주의 원칙을 떠받친다. 오프라 윈프리는 꿈을 실현해야 한다고 설교한다.("당신이 할 수 있는 가장 큰 모험은 꿈꾸는 삶을 사는 것입니다.") 그녀가 말하는 그 꿈을 실현하는 최선의 방법은 무엇일까? 현실을 바꾸는 것이 아니라 현 상황에 적응하는 것이다. 이 현실을 만든 책임자나 이해 집단, 노동 조건, 정치나 제도를 바꿀 게 아니라 우리 자신에게 변화를 요구해야 한다. 그 결과 우리는 현실에 순응하고 탈정치화되며 자족적이고 신자유주의적인 소비자와 생산 도우미로 전락하고 만다.

열정에는 급여가 없다

우리가 자신에게만 집중하면 어떤 결과가 생길까? 우리가 개인적인 행복에만 집중한다면 어떻게 될까? 철학자 한병철의 대답은 명확하다. 우리는 이미 자아실현이라는 이름으로 자신을 상업화하였고 정치적 유아 상태로 되돌아갔다. '성공한 삶'과 현실 정치의 결합은 느슨해져버렸다. 상황을 바꾸기보다 변한 상황에 순응하라는 목소리가 더 높다. 그러나 최고의 인성 계발에 맞춰진 초점은 공동체의 참여를 제물로 삼는다. 사회 문제는 스스로를 챙기고 멋진 인생을 살아야 하는 개인의 문제로 변질된다. 가령 문화 단체에서 무급 인턴으로 일하는 젊은 여성이 있다고 가정해보자. 그 인턴 자리 하나 얻으려고 그녀는 해외 연수를 다녀왔고 컴퓨터 자격증을 땄다. 그뿐 아니다. 앞으로 이 인턴 경력을 바탕으로 더 좋은 일자리를 구하려면 더 열심히 공부하고 더 많은 자격증을 따야 한다. 그런 그녀에게 같은 분야에서 일하는 비슷한 처지의 인턴들과 모여 근로 조건을 논의하고 정치적 영향력을 고민할 시간이 있을까? 10시간 중노동에 시달리고 퇴근하면 쓰러져 자기 바쁠 것이고, 기껏해야 요가나 몸에 좋다는 샐러드로 지친 몸과 마음을 달랠 것이다. 그렇기에 한병철은 말한다. "번아웃과 혁명은 서로를 배제한다."[3]

중요한 것이 열정이나 헌신뿐이라면 임금이나 복지는 저 멀리 뒤로 밀려나고 만다. 그렇게 되면 무급 인턴은 원하는 업계에서 경험을 쌓고 그 업계로 발을 들이기 위해 당연히 밟아야 하는 디딤돌이 된다. 비정규직은 정규직이 부족할 때 잠시 쓰는 긴급 해결책이 아니라 현대적이고 유연하며 모든 속박에서 자유로운 멋진 일자리가 된다. 그렇게 되면 우리는 노동법 개정을 위해 다른 사람들과 연대할 의무에서 해방된다. 자기 일이 만족스럽지 않으면 그건 자기 탓이다. 실패와 폐해는 시스템의 오류가 아니라 개인의 잘못이다. 사회 불평등의 문제는 당사자의 책임이기에 현실적인 사회 문제는 더 이상 언급되지 않는다. 이런 사고방식은 고용주의 착취 전략을 적극 지원한다. 자기 일을 사랑하는 사람은 돈을 더 주지 않아도 알아서 열심히 일한다. 열정을 직업으로 삼은 사람은 임금이나 고용 보험 따위에 목을 매지 않는다. 중요한 것은 헌신이다. 뿔뿔이 흩어진 '자유로운 직원들'이 앞으로 나와 빛을 반짝이는 동안 뒤편에선 투쟁과 노력으로 힘들게 얻은 보호와 안전과 위험 예방의 시스템이 차츰 말라비틀어진다. 열정을 불태우느라 바지를 잃어버린 사람 뒤통수에다 대고 꽉 죄는 혁대를 풀고 무거운 멜빵을 벗어던지라고 외치는 것과 같은 꼴이다.

자발성의 노예가 되지 않으려면

노동자의 권리가 약해지는 것도 문제지만 현실과 거리가 먼 사랑의 직업관은 많은 사람에게 압력을 행사한다. 사실 고달프지 않은 직업은 없다. 당신이 사랑하는 일은 당신이 하는 일의 일부에 불과하다. 솔직히 일하는 시간의 50%만 좋아하는 일을 할 수 있어도 엄청난 행운이다. 나머지 시간에는 계산을 하고 세금을 내고 승진 시험 준비를 하고 서류를 작성하고 보고서를 쓰고 통계를 내고 이메일에 답장을 쓰고 홍보 계획을 짜고 고객과 소통을 해야 한다. 따라서 대부분의 경우 좋아하는 일의 비율은 50%를 훨씬 밑돈다. 거의 모든 직업이 비슷할 것이다. 어떤 직업이건 나쁜 날이 있고, 하기 싫지만 해야 하는 고달픈 일이 있다. 그러니 일이란 힘들고 고달픈 것이라는 솔직한 고백이 오히려 더 현실에 가까운 진짜 동기 부여가 될 수 있을 것이다.

그뿐 아니라 사랑은 악몽이 될 수 있다. 사람을 사랑하는 일이 악몽이 될 수 있음은 누구나 알고 있지만 직업도 그럴 수 있다는 사실은 아무도 입에 올리지 않는다. 하지만 예술을 업으로 삼은 사람이라면 열정이 힘겨운 의무로 전락하여 창의력마저 고갈되는 상황을 한 번쯤 겪어보았을 것이다. 돈이 열정의 주요 동력이 되면 부정적인 압력을 행사하여 일의 즐거움을 망칠 수 있다. 게다가 그런 경우에는 일이 잘못되면 자기 탓을 하게 된다. 돈을 벌려고 일을 하면 직업은 돈을 버는 도구에 불과하지만 직업을 자아실현의 장으로 생각하면 모든 비판과 실책을 개인의 잘못으로 돌리게 된다. 취미를 직업으로 삼는 것이 과연 최고의 방법인지 다시 한번 되물어야 하는 이유도 바로 여기에 있다.

사랑 하나로는 충분하지 않다. '좋아하는 일을 하라!'는 주문은 동기와 즐거움이 재능보다 더 중요하다는 인상을 풍긴다. 하지만 가수 프랭크 시나트라를 좋아하고 노래방에서 노래를 잘 부른다고 해서 재즈 가수로 성공할 수 있는 것은 아니고, 워킹을 잘하고 유행하는 패션을 줄줄이 꿰고 있다고 해서 세계적인 모델이 될 수 있는 것은 아니다. 그렇게 되려면 조건이 맞아야 하고, 누구나 그 조건을 갖출 수 있는 것은 아니다. 아무리 노력해도 안 되는 것은 안 된다.

또 열정이 없는 사람은 어쩔 것인가? 이 세상에는 그 무엇에도 사랑과 열정을 불태우지 않는 사람들이 있고, 그 숫자도 적지 않다. 그럼 그런 사람들은 그저 돈을 벌기 위해 일하는 자신을 탓하고 미워해야 할까? '흥미로운' 일을 하지 못하고 자기 일에 '활활 타오르지' 못하며 직업을 통해 자아실현을 할 수 없으니 자책해야 하는 걸까? 그런 사람은 재능도 없고 능력도 없는가? 혹은 너무 많은 선택지가 널려 있어서 도저히 결정을 내릴 수 없는 사람들은 또 어쩔 것인가? 무한한 선택의 가능성과 압박은 오히려 체념을 불러올 수 있다.

사회학자 알랭 에랭베르(Alain Ehrenberg)는 우울증의 급격한 증가를 이런 개별화 과정의 결과로 본다.[4] 우리 선조들이 사회의 억압 때문에 고통받았다면 현대인은 인성 결핍에 시달린다. 요즘 직장인의 평가 기준은 충성심이 아니라 개인의 자발성이다. 누구에게나 자기 삶을 선택하고 '자신'이 될 권리와 의무가 있다. 정해진 규칙에 따라 움직일 것이 아니라 내면의 충동을 따라야 한다. 바로 이것이 현대적 생활 방식의 결정적인 차이점이다. 그러나 스스로 원하고 스스로 책임을 지면서 사회적 명성까지 얻어야 한다면 실로 엄청난 부담이 아닐 수 없다. 따라서 에랭베르는 우울증은 규율과 죄가 아닌 책임과 자발성에 기초한 질병이라고 말한다. 결핍감, 가능성과 불가능성, 현실과 '불가능은 없다'의 분열을 말해주는 질병이라고 말이다.

그렇다면 인생 후반기에 접어들어 어느 정도 경제적 안정이 보장되었을 때 열정을 직업으로 삼아보는 것은 어떨까? 그럼 생활비 걱정을 하지 않고도 마음껏 영화를 찍거나 블로그에 집중할 수 있을 것이다. 그 일에 생존이 달린 것이 아니므로 편안하게 거리를 두고서 일을 지켜볼 수 있을 것이다. 마지막으로 이런 생각도 가능하다. 사실은 어떤 것에 흥미를 느낄 수 있다는 것이 인간이 누릴 수 있는 가장 큰 자유가 아닐까? 먼저 이것저것 시도를 해보아야 하지 않을까? 열정을 일로 삼을 것이 아니라 흥미를 느끼거나 하기 쉬운 일을 열정으로 바꾸어야 하는 것은 아닐까? 열정은 밖에서 오는 것이 아니라 개인의 접근 방식이다. 그렇게 된다면 우리의 모토는 '좋아하는 일을 하라'가 아니라 '네가 하는 일을 좋아하라!'가 될 것이다. 그럼 훨씬 마음의 부담이 덜할 것이다.

2

머리와 손의
분리

육체노동자는 단순 무식하다?

고대 그리스에서는 소수의 지배자들이 다수의 육체노동자들을 비웃었다. 정치와 철학을 하려면 한가로워야 하니 말이다. 지금도 육체노동과 정신노동의 이데올로기 전선은 도무지 좁혀질 줄을 모른다. 육체노동자들은 정신노동자들을 하릴없이 의자에 앉아 시간만 죽이는 약골이라 비웃고 정신노동자들은 육체노동자들을 머리가 텅 빈 채 매일 똑같은 일만 하는 멍청이들이라고 폄하한다. 공부는 못하고 힘만 센 무식자와 머리만 크고 골골거리는 비실이의 전형적 이미지는 많은 사회에서 매우 흔하게 만날 수 있고 심지어 북반구와 남반구를 가르는 경계로도 사용된다. 남반구 사람들은 조금 더 육체적이고 북반구 사람들은 조금 더 정신적인 일을 많이 한다는 고정관념이 있으니 말이다.

이 역시 아래를 내려다보는 독선적 시선이며, 모든 흑백 논리가 그렇듯 지나친 단순화이고 맞지도 않다. 현실은 다른 모습일 때가 많기 때문이다. 적지 않은 사무직이 반복적인 단순 업무이고, 또 요즘에는 고학력 전문가들만 사용할 수 있는 기계가 적지 않다. 뿐만 아니라 구분 자체가 너무 인위적이다. 머리가 없으면 손은 무용지물이다. 바이올린은 손으로 연주하지만 머리와의 협업이 낳은 결과이다. 카를 마르크스도 말했다. "자연 시스템에서 머리와 손이 짝을 이루듯 노동 과정은 정신노동과 육체노동을 결합한다."[5]

수직적 노동 분업과 권력

기술 발전은 생산 과정을 잘게 쪼개어 그것을 최대로 규격화하고 자동화하는 방향으로 진행되었다. 검사, 검수, 조작 기능을 자동 장치에 맡겨 재료, 기계, 직원에게 들어가는 시간과 돈을 줄이려는 노력이었다. 그 말은 곧 사람을 줄이거나 인건비를 낮춘다는 의미와 다르지 않다. 기업은 컨베이어 벨트나 다른 기계 옆에 서서 일하는 직원들을 기술 혁신을 통해 줄여야 하는 생산 비용으로

밖에는 보지 않는다.

철학자이자 기계공학자인 매슈 크로퍼드(Matthew Crawford)는 날로 발전하는 이런 합리화 과정을 100년 전 테일러주의가 기초를 닦은 현대 산업자본주의의 핵심이라고 본다. 그의 책『수작업 예찬(The Case for Working with Your Hands)』은 프레더릭 '스피디' 테일러(1856~1915, '테일러 시스템'을 고안한 미국의 기술자이자 공학자—옮긴이)가 어떻게 전문 지식을 수집하여 시스템화했는지를 설명한다. 먼저 모든 지식을 세밀한 부분까지 싹 다 수집하여 분류한 후 그것을 분해하여 규칙과 작업 공정으로 체계화하면 각 과정은 더 단순해지고, 그럼 더 값싼 인력을 투입할 수가 있다.[6] 테일러주의는 혁신적 아이디어이자 이론의 뼈대였고 포드주의는 그 이론을 현실에 적용하여 세상을 뒤바꾸었다. 비약적 지점은 전체 작업 방식에서 전문 지식과 능력을 걸러내어 그 지식을 기업이 습득하고 체계화하며, 남는 노동은 끝까지 해체하는 것이다. 이것이 테일러가 말한 '과학적 운영'의 핵심이었다. 그리고 그 출발점이 바로 머리와 손의 분리였다.

> 관리자는 지금껏 개별 노동자들이 혼자 간직해온 전래의 지식을 모두 모아서 분류하고 도표로 작성하고, 그 지식으로 규칙과 법칙, 공식을 만들어 노동자들이 매일 일을 할 때 도움이 되게 해야 한다.[7]

과거의 시스템에서는 모든 정신노동을 노동자들이 함께 거들었기에 정신노동은 노동자 개인의 경험이 낳은 결과였다. 그러나 새 시스템에서는 그 일을 과학적으로 개진한 법칙에 따라 관리자들이 떠맡아야 한다. (…) 그러므로 대부분의 경우에서 당연하게도 정신노동에는 특별한 사람이 필요하고 육체노동에는 그와 전혀 다른 사람이 필요할 것이다.

정신노동과 육체노동이 분리되면서 과거의 수많은 장인들은 단순 노동자로 전락했고 소수의 관리자와 기술자들만 높은 자리로 올라갔다. 따라서 수직적 노동 분업과 육체와 정신의 위계적 평가는 지배를 고착화한다. 지식이 곧 권력이기 때문이다. 정신노동이 이끌고 통제하고 명령하면 육체노동은 그저 그 명령에 따라 생산만 하면 되기에 교체하기도 쉽다. 당연히 관리직이 생산직보다 더 오래 더 많이 공부를 해야 할 테고 임금도 더 높을 수밖에 없다.

또 기술과 무역의 발달로 부자 나라들에선 몸을 쓰는 노동자의 수요가 감소했다. 굴삭기 한 대가 몇 사람의 삽질을 대신하고 중국 노동자들의 인건비가 네덜란드 노동자들보다 훨씬 싸다. 진짜 돈은 두뇌 노동에 숨어 있기에 대학 졸업장이 필수품이 되고 통계적으로 볼 때 여성의 활약상이 남성을 앞질렀다. 『남자의 종말』에서 해나 로진(Hanna Rosin)은 미국에서 향후 가장 빠르게 성장할 30대 직업 중 20종이 주로 여성이 종사하는 직업군이라고 주장했다. 대표적인 분야가 간병, 회계, 보육, 요리이다. 로진은 앞으로 간병 관련 직업군이 대세일 텐데 아이러니하게도 여성이 낡은 고정관

넘의 덕을 보고 있다고 말한다. 간병은 여성의 일이라는 고정관념이 남성들의 머리에 깊게 뿌리박혀서 남성들이 육아나 간병 부문으로 아예 진출하려고 하지 않는다는 것이다. 따라서 전체적으로 볼 때 남성 육체노동자들의 상황이 특히 좋지 않다. 정신노동자들은 그들을 깔보고, 대학 합격률에서도 여성이 남성을 앞지르며, 제조 공장들은 사라지거나 인건비가 싼 나라로 옮겨 가고 있기 때문이다.

새로운 직업 정체성: 장인에서 디자이너로

육체노동의 의미는 퇴색하고 있지만 수공업의 부활은 그 물결이 거세다. 젊은 세대들 역시 모니터 앞에만 앉아 있지 않고 손과 몸을 같이 쓰는 직업을 매력적으로 보기 시작했고, 사회 전체적으로도 그런 일들에 대한 평가가 많이 달라졌다. 디지털화와 기술화는 아이디어와 실행의 경계를 허물었고, 창의적인 직업과 수공업의 경계도 날로 흐려지고 있다. 그와 더불어 최근 들어 새로운 경제 부문이 탄생했다. 이름하여 창조 경제(영국의 경영전략가인 존 호킨스(John Howkins)가 2001년 펴낸 책 『The Creative Economy』에서 처음 사용한 말로, 혁신적인 사고에서 출발하여 새로운 비즈니스를 창출하는 복합적인 경제를 말한다―옮긴이)이다. 이 부문이 등장하면서 전통적인 수공업과는 다소 거리가 있고 지식인들에게도 어필하는 새로운 직업군이 생겨났다. 반드시 새로운 형태는 아니더라도 어쨌든 새로운 방식의 정체성이다. 부지런한 목수 같은 과거의 '장인 정신'을 대신하여 반항적 디자이너 같은 새로운 이미지가 부각되기 시작한 것이다.[8] 덕분에 창조 경제는 여성이나 고학력자 같은 새로운 사회 집단을 끌어들인다.

하지만 문제는 창조인의 이미지가 심하게 낭만화한다는 데 있다. 그 낭만적 이미지에 따르면 이들은 수익보다 지속성을 먼저 생각하고 품질에 최고의 가치를 두는 사람들이며, 이들의 생산품은 예술이자 개성이기에 품질과 정성과 오랜 수명을 자랑한다. 심지어 완성된 제품마저 '인간화'하여 '성실한 셔츠', '정직한 빵' 같은 인간적 수식어를 붙인다. 그 결과 셔츠와 빵은 식별의 특징이 되고, 질적 소비의 정치적 계기가 되며, 대량 생산품은 꿈도 꾸지 못할 개별적 이력을 갖게 된다. 재료는 어디서 온 것이고 어디서 누가 어떻게 제작했는가? 제품마다 이런 상세한 이력이 따라붙는다. 그로 인해 적극적으로, '의식적으로', 개별적으로 소비하고 장인의 전통을 이어받아 급변하는 디지털 세상에 맞선다는 기분이 생겨난다.

하지만 이런 붐의 수혜자는 대부분 스스로를 '혁신적 매뉴팩처'로 홍보할 줄 알고 재활용 플라스틱 병으로 배낭을 만들고 코코넛 섬유로 매트리스 속을 채우는 도시의 젊은 라벨들이다.

정작 전통 기술 장인들의 현실은 전혀 다르다. 대량 생산에 밀려 더 이상 자식에게 가업을 물려줄 수 없고 후계자가 되겠다는 젊은

이도 구하기 힘들다. 한 땀 한 땀 정성을 다해 빚고 지어야 하는 그 고단한 여정이 젊은이들에게는 더 이상 매력적으로 비치지 않는 것이다. 시골과 도시의 차이도 심하다. 똑같이 빵을 구워도 시골에 사는 장인들은 어려움이 많다. 도시에선 젊은 세대 빵 장인들이 '의식 있는' 소비자를 타깃으로 삼아 그들의 구미에 맞는 제품을 만들고 홍보를 할 줄 안다. 슬로푸드 베이커리는 유기농 발아 통밀과 친환경 재료를 사용하며 제과점 안에 오븐을 설치하여 빵이 구워지는 전 과정을 공개한다. 유기농 빵이 모던 라이프 스타일로 자리 잡았고 빵 반죽과 친환경 재료는 철학이 되었다. 집에서 직접 빵을 굽는 사람도 늘었다. 심지어 스웨덴에는 주인이 여행을 간 사이 효모를 맡아 보관해주는 24시간 호텔도 있다고 한다. 이 호텔에서는 효모를 규칙적으로 물과 바이오 밀로 마사지해주고 적정 온도가 유지되는지 살핀다. 비용은 주당 약 11유로이다.

이렇게 하여 우리는 다음 주제에 도달했다. 다음에서 다룰 문제는 손수 만들기(self make)이다.

Do it yourself: 손수 만들기의 행과 불행

핸드메이드 디자인은 항상 가격이 문제다. 부모가 돈이 많지 않거나 자기가 돈을 잘 벌지 못하면 아무리 마음에 꼭 드는 가구가 있어도 제작 주문을 할 수 없다. 그런 사람들에게 남들과 다른 것,

세상에 단 하나밖에 없는 것을 가질 수 있는 유일한 방법은 자기 손으로 직접 만드는 것이다. 그 작업을 도와주겠다며 등장한 분야가 바로 'Do it yourself(DIY)', '메이커 운동', '아츠 앤드 크래프츠'이다. 재료를 손으로 만지고 염료의 냄새를 맡고 나무의 결을 느끼면서 사람들은 현실을 직접 경험하며 디지털화된 일상에 저항하고 가상현실에 대응할 현실의 짝꿍을 만들고 싶은 욕망을 해소한다. 어쩌면 자신과 친구들에게 재능을 뽐내고 싶은 욕망도 있을 것이다. 이렇듯 물질세계에 더 정직하게 다가가고픈 사회적 욕망이 날로 거세지고 있다.[9] 직접 손으로 만들면 돈도 절약되고 개성을 뽐낼 수도 있다.

물론 비용 절감이 제일 앞선 목적은 아니다. 목도리를 직접 짜면 털실 값이 기성품 목도리 가격보다 더 들어간다. 이케아(물론 더 정확히 따지면 이 기업도 DIY 범주에 들어가겠지만) 책장을 사서 조립하는 편이 판자를 사서 직접 만드는 것보다 더 싸게 먹힌다. 돈보다 더 중요한 것은 규격화된 제품을 소비하지 않고 내가 직접 제작한다는 사실이다. 몇 시간 동안 식탁에 앉아 조립을 하고 열정과 창의력을 투자한 사람은 자신의 작품을 더 소중히 여기게 마련이다. 바람직한 효과는 더 있다. 자신의 직접적 영향력을 체감할 수 있고 자신의 노동이 만든 결과물을 눈으로 확인할 수 있다. 현대의 직장에서는 경험할 수 없는 일이다. 나아가 지속 가능한 윤리적 소비도 빼놓을 수 없는 중요한 부분이다. 과일 박스로 의자를 만들거나 요샛말로 업사이클링을 한 사람은 쓰레기에 새로운 가치를 부여하여 일회용 사회에 경종을 울렸다는 자부심을 느낄 수 있을 것이다.

성공적인 '메이커'가 되기 위해 유튜브 채널과 블로그에서 정보를 구하는 사람들도 많다. 그곳에서 시키는 대로 따라 하면 정말로 멋진 작품이 탄생한다. 지도 편달을 통한 즉흥성 지원 프로그램이라 부를 수 있을 것이다. 또 많은 '아츠 앤드 크래프츠' 분야에선 미리 완성된 '연장 세트(toolkits)'를 판매하기도 한다. 이는 장인 정신과 재료 활용이 그 자체로 의례와 자기 목적이 되었으며 재능보다 동기가 더 중요해졌다는 사실을 다시금 입증한다. 역사학자 잭슨 리어스(Jackson Lears)는 아츠 앤드 크래프츠 붐에서는 치유의 측면도 큰 역할을 한다고 주장한다. 남녀를 불문하고 'Do it yourself' 프로젝트를 통해 직장 업무나 집안일에서는 얻을 수 없는 온전함, 자율성, 기쁨을 추구하는 것이다.[10] 이것은 문화적 자급자족 행위이다.

또한 이런 추세는 생활 모든 분야에 침투한 '창의적 에토스'의 반영이다. 문화사회학자 안드레아스 레크비츠(Andreas Reckwitz)는 『창의성의 발명(The Invention of Creativity)』에서 예전에는 엘리트층이 창의성을 추구했다면 요즘은 모두가 창의성을 추구하고 또 그래야만 한다고 주장한다.[11] 저항 문화와 하위문화가 주류 문화 속으로 들어온 것이다. 요즘은 직장에서도 창의성이 필수 조건이 되었다. 혁신과 심미적 새로움이 활력과 실험 정신의 동의어가 되었다. 그러나 또 한편으로 창의성 지향은 독창성과 자신만의 개성을 추구하는 몸짓으로도 이해된다. 이 세상에 단 하나밖에 없는 인간의 유일함이 작품에서 표현된다는 것이다. 물론 직접 만든 가구나 옷걸이로 정말 자아실현이 가능한지는 각자가 결정할 몫이다.

전체적으로 볼 때 몸과 머리의 분리, 그와 연관된 육체노동과 정신노동의 경계 짓기에는 은밀한 계급투쟁이 몸을 숨기고 있다. 하지만 이런 새로운 방식의 도전들에서 과거의 온전함을 그리워하는 마음, 손과 머리가 하나였다는 과거를 그리워하는 마음이 느껴지는 것 또한 사실이다.

성

워킹 대디? 죄책감은 최악의 적이야.
그 적과 싸우려면 날씬해야 하고
항상 미소를 잃지 말아야 하며
가족에게 맛난 저녁 식사를 차려줘야 해

—『모든 것을 가진 남자』

성은 사회 불평등과 불공정을 말할 때 여전히 빠지지 않는 범주이다. 교육의 기회는 많이 공평해졌지만 노동 시장과 정치, 특히 가정에서의 불평등은 크게 나아지지 않았다. 날이 갈수록 일하는 여성의 숫자는 늘어나지만 노동 시장에서 여성들이 받는 대접은 불공평하기만 하다. 첫째로 노동 시장이 성별에 따라 나누어지는데, 노동 조건이 열악하고 임금이 낮고 직급이 낮으며 빈곤과 실직 위험이 높은 일자리는 주로 여성들에게 돌아간다. 둘째로 여성의 승진을 가로막는 장애물이 너무 많다. 게다가 여전히 남성과 여성은 사회적 생활 조건과 요구받는 역할이 서로 다르다. '여자는 얌전해야 하지만 남자는 좀 별나도 된다'고 가르치는 성별 사회화 과정이 세상을 바라보는 관점, 동기, 행동 방식에 영향을 미치지 않을 리 만무하다.

흥미롭게도 똑같은 행동을 해도 남성은 괜찮고 여성은 비난을 받는다. 여성이 성적 자기결정권을 행사할 때나 결혼해서 아이를 키우며 일을 할 때는 곱지 않은 시선이 쏟아진다. 2부 1장에서는 이렇듯 남성과 같은 방식으로 살아가는 여성에게 쏟아지는 독선적 시선을 다루고자 한다.

이어 사회적으로 높이 평가되는 소위 남성적 역할 기대에 대해 살펴볼 것이다. 흔히 남성에게는 힘, 모험심, 투지, 감정 통제를 기대한다. 하지만 요즘처럼 성평등과 여성 해방이 대두하는 시대에 이런 이미지가 실현될 가능성은 매우 낮고, 그 사실은 실망으로 이어질 수 있다. 이런 실망에 어떻게 대처할지, 그리고 남성의 허약함을 인정하지 않는 사회 분위기가 사회 협력에 어떤 해를 끼치는지 2장에서 알아볼 것이다.

1

같은 행동,
다른 평가

워킹 맘은 있어도 워킹 대디는 없다

성별 역할에 대한 고정관념이 꽤 무너지기는 했다. 성에 대한 생각도 많이 달라졌다. 성 정체성도 남성과 여성이라는 양성을 넘어 트랜스섹슈얼, 인터섹슈얼, 바이섹슈얼 등 다양해졌다. 그럼에도 여전히 많은 분야에서 같은 행동이 성별에 따라 다른 평가를 받는다. 여성의 능력과 자질에 대한 인식과 기대가 여전히 성별 고정관념의 영향을 강하게 받고 있는 것이다.[12]

그런 경향이 특히 두드러지는 분야가 노동과 가족이다. 여성에게 아이는 노동 시장에서 단점으로 작용한다. 일에 완전히 집중할 수 없다는 이유에서다. 아직 젊어서 아이가 없다고 해도 불리하기는 마찬가지다. 언제 아이를 낳을지 모른다고 여기기 때문이다. 하지만 남성의 경우 결혼을 해서 가정을 꾸리면 안정을 찾았다고 평가한다. 식구들을 먹여 살려야 하니 직장을 이리저리 옮기지 않을 것이므로 장기적인 계획이 가능하다고 생각한다. 심지어 외벌이 가장이라는 이유로 승진에서 득을 볼 수도 있다. 같은 행동이 성별이 다르다는 이유만으로 전혀 다른 평가를 받는 것이다. 좀 과장해서 말하면, 일하는 여성은 좋은 엄마가 될 수 없고 엄마는 좋은 직장인이 될 수 없다.

'워킹 맘'이라는 말부터가 차별의 뉘앙스를 담고 있다. '워킹 대디'나 '워킹 페어런츠'라는 말은 아무도 쓰지 않는다. 성역할 고정관념이 육아를 여성의 몫이라고 정했기 때문이다. 그래서 가령 혼자 아이를 키우는 10대 싱글 맘은 무책임하다는 손가락질을 받는다. 책임질 능력도 없으면서 대책 없이 아이를 낳았다는 이유로 말이다. 그럼 자식의 양육을 거부한 아빠는 어떻게 되는가? 똑같이 무책임하게 아이를 낳고 심지어 그 아이를 버린 아빠는 전혀 비난받지 않는다. 같이 낳은 아이를 혼자 키우느라 제대로 된 직장도 못 구하고 능력 계발도 못 하는 여성에게 더 가혹한 도덕적 비난을 퍼붓는 것이 과연 올바른 짓인가?

직장에서 승승장구하는 여성에게도 부정적 스테레오타입이 따라붙기는 마찬가지다. 야망이 크고 독하며 여자답지 못하고, 직장에선 잘 나가지만 정작 마음 털어놓을 친구 하나 없는 외로운 인간이라는 꼬리표가 쫓아다닌다. 여성의 야망과 성공은 파트너 시장에서도 매력을 깎아먹는 단점이다. 성공한 여성은 독립과 남녀평등을 외치며 가족을 버리고 일에 매달리는 이기적인 인간으로 치부된다. 여성의 야망은 성공을 향한 탐욕이다. 그럼에도 이런 악조건을 이기고 가정과 일을 성공적으로 잘 관리했다면 거의 불가능한 이 위대한 업적을 기리는 뜻에서 '올해의 여성상'이나 '육아와 커리어' 부문의 파워 우먼에게 수여하는 '리딩 레이디스 어워드(Leading Ladies Award)'를 받을지도 모른다. 해당 홈페이지에 들어가 보면 지금껏 수상 후보에 오른 여성들은 딱 한 문장으로 설명이 가능하다. 예를 들면 이런 것이다. "아스트리트 키아리 박사는 빈 종합병원 일반 마취과와 집중치료의학과 과장이며 두 아들의 엄마이다."[13] 그러니까 여성이 일을 하면서 동시에 아이를 키우는 일은 공식적으로 상을 주어 치하해야 할 정도로 어마어마한 공로인 것 같다. 남자들에게 그런 상을 준다고 상상해보면 남녀의 극심한 불평등을 절로 깨닫게 될 것이며 이런 상을 만든다는 것 자체가 얼마나 한심하고 우스운 짓인지를 알게 될 것이다. 자식과 일, 둘 다를 원하는 여성은 더 많이 타협하고 더 많은 것을 잃을 각오를 해야 한다.

여성의 일상 상황을 남성에게 적용하는 이런 관점 전환은 불평등한 현실을 설명할 때 매우 유익한 방법이다. 굳이 통계 자료를 첨부한 전문적인 논리까지 동원할 필요도 없다. 그냥 지금의 현실을 살짝 뒤집기만 해도 눈이 번쩍 뜨인다. 프랑스 영화감독 엘레

오노르 푸리아(Eléonore Pourriat)의 2018년 작 영화 〈거꾸로 가는 남자〉(원제는 〈Je ne suis pas un homme facile〉, 즉 '나는 쉬운 남자가 아니다'라는 뜻이다─옮긴이)가 대표적인 사례이다. 아무 여자한테나 추파를 던지는 남성우월주의자 스타트업 기업가가 어느 날 사고로 남녀의 역할이 뒤바뀐 세상에 떨어진다. 여성이 지배하는 세상, 성공과 권력이 여성에게 있는 세상이다.

스토리는 평범하지만 영화를 보다 보면 우리가 얼마나 남녀에게 다른 행동과 태도를 요구하는지 명확하게 드러난다. 굳이 이러쿵저러쿵 평가하지 않으면서 영화는 거울처럼 조용히 우리의 모습을 비춘다. 따라서 이 영화는 성차별이 얼마나 만연한지를 미처 깨닫지 못한 사람들에게 안성맞춤이다. 가령 주인공이 직장을 구하는 장면을 살펴보자. 성공한 그의 애인이 그에게 일자리를 주려고 하자 그가 애인에게 종속될까 봐 거절한다. 그러자 그녀가 속내를 알아차리고 그 무슨 고리타분한 남성우월주의냐고 묻는다. 주인공은 "남성우월주의가 아니라 당신과 눈높이를 맞추고 싶다"고 대답하지만 애인은 "웃기네"라며 콧방귀를 뀐다. 이런 역전의 아이러니는 여성에게 던지는 셀프 헬프 팁을 패러디한 『모든 것을 가진 남자(The Man Who Has It All)』 같은 책들에서도 확인할 수 있다. "워킹 대디? 죄책감은 최악의 적이야. 그 적과 싸우려면 날씬해야 하고 항상 미소를 잃지 말아야 하며 가족에게 맛난 저녁 식사를 차려줘야 해."[14] 성역할 이미지의 영향력이 얼마나 큰지를 다시 한번 느낄 수 있는 대목이다.

누가 더 많은 공간을 차지하는가

페미니스트 수전 브라운밀러(Susan Brownmiller)는 1984년에 나온 책『여성성(Femininity)』에서 사춘기 시절 키가 '너무 크게' 자랄까 봐 걱정을 했다고 고백했다. 그리고 '너무 크다'는 말을 그녀는 '남자 친구들보다 크다'라는 뜻으로 해석했다. 우리 사회의 지배적 관념을 따른다면 큰 키는 남성적이며 여자는 작고 귀여워야 매력적이다. 따라서 남성보다 수직적 공간을 더 많이 차지한 여성은 이런 불문율을 깨트리기에 상대 남성에게 자신이 너무 작고 너무 부족하며 장소를 잘못 찾았다는 기분을 불러일으킨다. '너무 큰' 여성은 공격자인 동시에 보호자인 기존 남성의 이미지를 뒤흔든다. 몸으로 남자가 필요하지 않다고 말하는 여성은 너무 여자답지 못하다. 그리고 여자답지 못하다는 말은 남자들에게 인정을 별로 못 받는다는 뜻이다. 적지 않은 여성들이 남자에게 인정받고 싶은 욕망을 배워 익혔기에 최대한 여자답지 못한 행동을 피하고자 한다. 그래서 수전 브라운밀러도 10대 시절 '너무 크지' 않기를 바랐던 것이다.

파트너의 선택 조건에서도 키는 여전히 중요한 자리를 차지한다. 소셜 데이팅 앱 틴더를 들여다보면 키가 큰 남성들은 묻지 않아도 당당하게 자기 키를 밝힌다. 키가 얼마인지 밝히지 않아도 단체 사진이 올라와 있으므로 괜찮다 싶은 남성이 있을 때는 그의 키를 짐작해볼 수 있다. 신체를 강조하는 리얼리티 쇼의 경우에도 키가 작은 남자 출연자들은 머리카락을 무스로 세우거나 키 높이 구두를 신는 등 어떻게든 키가 커 보이려고 별짓을 다 한다. 독일에서 방송하는 짝짓기 프로그램 〈첫눈에 결혼〉(4~6쌍의 커플을 선정하여 첫 만남에 결혼식을 올린 후 신혼여행과 일상을 보여주고 6주 후 이혼 여부를 결정하게 한다―옮긴이)의 오스트레일리아 버전에서 출연자 딘은 예식장으로 들어오는 아내를 처음 보고 불안해서 이렇게 혼잣말을 한다. "덩치가 큰걸. 몸매도 좋고 키도 커 보여. 그래도 다행이야. 너무 크지는 않아."

키처럼 어쩔 수 없는 신체 조건도 그렇지만, 공식적인 공간에서 신체를 사용하는 방법도 성별에 따라 다른 평가를 받는다. 버스나 전철에서 다리를 쩍 벌리고 앉아서 공간을 독점하는 습관은 특히 남자들에게서 많이 나타난다. 이런 쩍벌남 현상은 남성의 신체 구조나 자기만 편하겠다는 이기심만으로는 다 설명되지 않는다. 생물학적 조건이나 이기심보다 더 중요한 것은 '얼마만큼의 공간이 내 차지인가?'라는 질문이다. 공간을 최대한 사용하는 남성들의 습관은 유전자나 호르몬 탓이 아니라 학습된 것이다. 그런데 한 집단이 공간을 더 많이 사용하면 남은 집단의 공간은 줄어들 수밖에 없다. 여성들은 몸을 웅크리거나 다리를 모으는 식으로 공간을 더 적게 쓰려는 경향이 있다.

학교에서 조사를 해보았더니 남자아이들은 숫자가 적을 때도 공간을 많이 차지한다는 결과가 나왔다. 남자아이들은 책상에 앉아 있을 때도 자리를 더 많이 차지했고 교실에서 자주 일어나 돌아다니며, 복도와 운동장, 체육관 등 교실 바깥에서도 더 많은 자리를 요구했다. 이런 주제를 들먹이면 흔히 그럼 여자들도 똑같이 적극적으로 행동하면 되지 않느냐는 답변이 돌아온다. 하지만 굳이 좋아 보이지도 않는데 왜 남자들의 행동을 따라 해야 하나? 또 여자는 얌전해야 된다는 말을 평생 듣고 자란 여성들에게 독립적이고 적극적으로 행동하면 되지 않느냐는 답변은 너무 이중적인 잣대 아닌가?[15]

누가 공간을 차지하는지, 누가 공간을 차지해도 되거나 마땅히 차지하는지는 성범죄와 관련해서도 매우 흥미로운 지점이다. 미국 대학 캠퍼스에서 성범죄가 일어나면 여학생들한테 밤에 돌아다니지 말라고 당부한다. 이상하지 않은가? 예방을 하려면 남자들을 집에 묶어두는 편이 더 효과가 있지 않을까? 그것이 논리적인 지시일 터이다. 하지만 성범죄가 늘어나면 여자들에게 밤에 혼자 돌아다니지 말라고 충고한다. 이 사실만 보아도 논쟁의 초점이 어디에 있는지를 잘 알 수 있다. 위험이 존재할 경우 잠재적인 가해자가 아니라 피해자가 자리를 피해야 한다. 이런 식의 해결 방안은 당연하지도 않을뿐더러 교육적인 효과도 없다. 반대로 해야 제재 조치가 진짜 효과를 발휘할 수 있을 것이다. 행동반경이 줄어든 남성들이 범죄에 더 예민해질 것이고 그럼 지금처럼 범죄를 묵과하지 않을 테니까 말이다.

같은 행동, 다른 평가는 남녀의 언어 행동에서도 예외가 아니다. 남자가 크게 말하면 씩씩하고 용감하다고 평가하지만 여자가 크게 말하면 히스테리를 부린다거나 성격이 안 좋다고 생각한다. 보통 여성의 말에서는 확신과 자기주장, 권위가 덜 느껴진다. 확신 없는 말투("확실한 건 아니지만" "제 생각에는"), 의문형 주장("그런 식으로 볼 수도 있지 않나요?" "그렇게 생각하지 않으세요?"), 상대의 주목을 끌기 위해 자신의 발언을 요청하는 방식("저도 한 말씀 드리고 싶은데요" "제 생각을 말씀드리면요")을 많이 사용하기 때문이다.[16]

남성의 방식은 다르다. 남녀의 대화 스타일을 분석한 연구 결과를 보면 남성은 자신의 말에 권위와 확신을 싣는 대화 방식을 택한다. 가령 정확한 명령 형태를 띤 행동 지침("접시 줘!" "얼른 가!"), 자신의 소망을 담아 더 강해진 행동 지침("접시가 필요한데" "얼른 갔으면 좋겠는데")을 많이 사용하고 상대의 말을 자주 자르며 상대보다 더 오래 말을 한다. 똑같이 완곡한 표현을 써도 여자는 확신이 없고 잘 모르는 것 같은 인상을 풍기지만 남자의 경우 '절제된 표현'으로 해석되고, 남자의 침묵은 강인함과 우월함의 표현으로 비친다. 다시 말해 성별이 발언의 내용보다 더 중요하게 작용하는 것이다. 그 연구 결과가 맞는다면 성별이 이미 자질 판단에 큰 영향을 미치는 셈이다.

목소리의 높낮이 역시 상대의 말을 얼마나 진지하게 받아들일지를 결정한다. 낮은 목소리는 신뢰할 수 있고 전문적이라는 느낌을 주기 때문에 스피치 교육을 할 때도 여성들에게 목소리를 낮출 것을 권유한다. 다수의 여성 앵커나 기자들이 마이크가 켜지면 바로 평소보다 목소리를 까는 이유도 그 때문이다. 낮은 목소리가 전문가의 분위기를 풍기기 때문이다. 심리학자 데이비드 페인버그(David Feinberg)는 한 연구 결과에서 목소리가 저음인 남성이 선거에 당선될 확률이 높다는 사실을 입증했다.[17] 살짝 변형한 과거 미국 대통령의 목소리와 일반인들의 목소리를 실험 참가자들에게 들려주었더니 저음의 목소리가 더 매력적이고 능력도 더 있는 것 같아서 신뢰가 간다는 대답이 나왔다. '누구를 뽑겠습니까?'라는 질문에도 저음의 인물을 더 선호했다. 정치권에는 이미 이런 사실이 널리 알려져 있다. 그래서 마거릿 대처도 정치 활동 내내 목소리 까는 연습을 했다.

하지만 여성들이 목소리가 저음인 남성에게 더 매력을 느끼는 이유는 전문성 때문만이 아니다. 음성학 연구 결과를 보면 남자의 저음 목소리를 들은 여성은 그 남성이 키가 크고 몸이 좋다고 상상한다.[18] 반대로 남성은 여성의 귀여운 목소리에 더 끌린다. 그런데 흥미롭게도 이런 목소리의 여성이 많이 줄었다. 요즘 여성의 목소리는 200년 전보다 훨씬 저음이라는 연구 결과가 나와 있다. 여성과 남성의 목소리 높이 차이가 8도 음정인 한 옥타브에서 5도 음정으로 줄었다는 것이다. 거의 절반가량 준 것이다.[19] 그에 비하면 남성의 목소리는 달라진 것이 없다. 생물학적 원인과 환경 요인(음식, 호르몬, 흡연, 성대 변화)을 다 살펴보았지만 전혀 영향력이 없었다. 그 말은 여성의 목소리가 달라진 것이 사회문화적 요인 탓이라는 뜻이다. 요즘 여성들은 달라진 사회 환경으로 인해 목소리를 다르게 사용한다. 저음의 목소리는 여성 인권 수준이 향상된 결과로 해석할 수 있고, 이 사회가 여성을 조금 더 '진지하게' 인식한다는 의미일 수 있다. 물론 문화에 따라 차이는 있다. 가령 일본 여성들의 목소리가 세계에서 가장 높다. 거기선 아직도 고음의 목소리가 미의 이상으로 꼽힌다. 반대로 남녀평등 성적이 좋은 스칸디나비아 국가들의 경우 여성들의 목소리가 세계에서 가장 저음이다.

비용 부과는 많이, 인정은 박하게

이 여자 저 여자 만나고 다니는 이성애 남성을 뭐라고 부르나? 보통 '바람둥이', '카사노바' 정도의 표현을 쓴다. 여자가 이 남자 저 남자를 만나고 다니면 뭐라고 부를까? 바로 '창녀'라는 험한 말이 튀어나온다. 성과학자 에르빈 헤베를레(Erwin J. Haeberle)는 파트너를 자주 바꾸는 남녀에 대한 이런 식의 다른 평가가 부권 사회 시스템의 증거라고 주장한다.[20] 그런 식의 평가가 독립적인 라이프 스타일을 추구하는 여성들에게 수치와 불명예를 안긴다고 말이다. 이런 사실은 역으로 자기결정권을 행사하는 여성이 사회 규범에 부합하지 않는다는 사실을 입증한다. 남성의 경우 바람피우기가 매력과 정력의 증거가 되는 반면 여성에게는 몸을 함부로 놀리는 비도덕적인 인간이라는 증거가 되는 것이다.

피임 분야에서도 성별에 따라 다른 잣대가 적용된다. 남성의 호르몬 피임법은 여성 호르몬 피임법과 비슷하게 정확도가 96%이지만 최근의 임상 연구는 부작용을 근거로 남성 호르몬 피임법 사용을 불허했다. 에든버러대학교 리처드 앤더슨(Richard Anderson)의 연구팀은 여드름, 주사 통증, 우울 에피소드, 정욕 감퇴 등의 부작용을 이유로 실험을 조기에 종결지었다. 그러나 이 정도의 부작용이라면 호르몬 피임법을 사용하는 여성들이 다반사로 겪는 일이다. 아니, 여성의 경우 그 정도에서 그치지 않는다. 여성의 호르몬 피임법은 체중이 늘고 생리가 불규칙해지며 기분이 오락가락하고 혈전증과 특정 암, 심혈관 질환에 걸릴 위험성도 높다. 그러나 의학계는 이런 여성 피임법의 부작용에 대해서는 전혀 언급하지 않는다. 여성은 피임을 하기 위해 온갖 위험을 불사해야 할 뿐 아니라 지갑도 활짝 열어야 한다. 피임약, 호르몬 주사, 루프, 피임 패치 등 종류를 불문하고 여성의 피임법은 전부 가격이 비싸다. 콘돔은 무료로 나눠주는 곳도 많은데 말이다.

월경과 관련해서도 여성들은 비슷한 문제를 겪는다. 월경은 '사치'로 부를 수 없는 상태이다. 원하지 않아도 어쩔 수 없이 겪어야 하는 일이니 말이다. 그런데도 탐폰이나 생리대 같은 생리 용품은 과세 목록에서 '사치품'으로 분류된다. 오스트리아의 경우 여성

생리 용품은 샴페인과 세율이 같아서 둘 다 20%이다. 책과 영화표에 붙은 과세율은 각기 10%와 13%이다. 독일에서는 꽃 한 다발에 7%의 세금이 붙는다. 꽃은 '일상 용품'으로 분류하기 때문이다. 영화를 보거나 꽃을 사는 것은 할 수도 있고 안 할 수도 있는 개인의 선택 사항이다. 하지만 월경은 안 할 수가 없다. 그런데 생리 용품은 '일상 용품'이 아닌 '사치품'으로 분류된다. 여자는 여자로 살아가기 위해 높은 세금을 내야 하는 것이다. 미국 캘리포니아에서만 여성 생리 용품 세금으로 연간 2천만 달러를 거두어들인다.[21] 개선된 국가들도 많지만―케냐와 캐나다에선 생리 용품에 부과한 세금을 폐지했다― 여전히 탐폰과 생리대의 세율 인하에 반대하는 정치가들이 적지 않다.

이제 조금 더 은밀한 부분으로 들어가 보자. 지배적인 고정관념에 따르면 성행위는 남성의 절정과 함께 끝이 난다. 여성의 오르가슴은 아예 인정조차 안 하는 경우가 많고, 설사 인정한다고 해도 부차적이라고 본다. 학교 성교육 시간에도 여성의 오르가슴은 전혀 언급되지 않는다. 성교육에서 중요한 것은 생물학적 의미의 번식이기 때문이다. 여성의 오르가슴은 아이를 낳는 데 필요한 것이 아니다. 하지만 사정은 꼭 있어야 한다. 심지어 시중에 유통되는 포르노에서도 카메라의 초점은 남성의 절정이다. 섹스와 포르노는 남자의 사정과 더불어 막을 내린다. 여성이 얼마나 쾌감을 느꼈고 만족했는지는 부차적인 문제다. 목표는 오직 정자 비우기이기 때문이다. 포르노는 그런 영상들을 생산·유통하고, 많은 젊은 남녀가 그 영상을 모방한다. 덕분에 남성은 자신의 오르가슴을 성행위의 끝이라고 생각한다는 연구 결과가 다수 나와 있다.[22] 여성의 절정은 아무 목적도 없거나 남성성을 확인하는 수단에 불과하다고 치부된다.

보수 종교인들은 여성의 자기결정권의 일부인 임신 중단을 살인과 동일시한다. 심지어 사산을 살인으로 보는 국가들도 있다. 최근 그런 사례가 법정에 올랐다. 엘살바도르에 사는 임신부 테오도라 델 카르멘 바스케스는 일을 하다가 갑자기 심한 복통을 느꼈다. 구급차를 부른 직후 그녀는 의식을 잃었고 사산을 했다. 경찰은 그녀를 살인 혐의로 체포했다. 그녀는 30년 형을 선고받았고 항소가 기각되어 10년을 감옥에서 살고 나서야 석방되었다. 엘살바도르에서 이와 같은 이유로 형을 사는 여성은 한둘이 아니다. 임신 중절(낙태)은 말할 것도 없다. 엘살바도르는 이웃 나라 니카라과와 마찬가지로 임신 중절 수술이 금지된 나라이다. 강간을 당해 임신을 했어도, 임신부의 건강이나 생명이 위험해도 임신 중절은 절대 안 된다. 유럽에서도 극우 정당들의 임신 중절 금지 목소리가 높다. 폴란드 정부는 낙태금지법을 강화하려는 움직임을 보이고 있으며 독일에서도 극우 정당인 독일을 위한 대안당이 임신 중절 전면 금지를 요구하고 있고, 오스트리아 보수 정당인 국민당에서도 강간을 당해 임신을 했어도 아이를 낳아 입양을 보내거나 베이비 박스에 버리는 것이 더 바람직하다는 의견이 심심찮게 등장하고 있다.

주제를 아이로 옮겨 오면, 여전히 육아와 가사 노동, 돌봄은 대부분 여성의 몫이다. 그러니까 무보수에 사회적으로 인정도 받지 못하는 노동은 여성에게 돌아간다. 어린이집 교사, 간병인, 간호사 등 직업이 '여성적'일수록 사회적 인정과 임금은 낮다. 이런 일에 뭐 하러 돈을 들인단 말인가? 집에서 엄마가 돈 안 받고 하는 일이 비쌀 수가 없다. 흔히 여자는 남자보다 돈을 적게 '번다'는 말들을 많이 한다. 하지만 돈을 적게 버는 것이 아니라 노동에 대한 정당한 대가를 받지 못하는 것이다.

또 한 가지 잊지 말아야 할 점이 있다. 여성이 사용하는 서비스나 제품은 가격이 더 비싸다. 미용실의 경우 머리 길이와 관계없이 성별에 따라 비용이 달라진다. 2012년 문구 회사 'Bic'이 'Bic for her'라는 이름으로 여성용 볼펜을 선보였다. 기존 볼펜과의 차이점은 단 하나 분홍색이라는 점뿐인데 가격은 두 배였다.

전체적으로 볼 때 여성이 처한 상황은 많이 개선되었다. 무엇보다 전통적 성역할 관념이 많이 퇴색했다. 요즘엔 혼자 벌어서 가정 경제를 유지할 수가 없고 여성의 노동 시장 진출이 크게 늘었다는 사실 하나만 보아도 실감할 수 있는 현실이다. 또 성차별주의와 구조적 차별에 대한 인식이 많이 개선되었다. 그럼에도 경제, 정치, 미디어는 여전히 남성이 독식하는 분야다. 굳이 통계 자료를 들먹이지 않아도 일상에서 역시 불평등은 여전하다. 똑같은 행동을 해도 남성에게는 후하고 여성에게는 박하다. 하지만 그런 일상의 차별은 저항하기도 쉽지 않다. 항의를 해봤자 돌아오는 대답은 뻔하다. "요즘은 여성 상위 시대야" "남녀가 평등하다면 여자도 확실히 말을 하면 될 거 아냐." 더구나 여성에게 이런 독선적 시선을 보내는 이는 남자들만이 아니다. 같은 여성이 여성을 박하게 대하고 혹독하게 평가한다. 여성이라고 해서 저절로 가부장적 태도를 떨쳐버릴 수 있는 것은 아니다.

2

남자다움의
신화

성별 구분 교육, 뭐가 문제일까

　전통적인 가치관을 지닌 남성은 기존의 성역할을 버리기가 힘들다. 그들의 세상에선 남자가 직장과 가정에서 특별한 역할과 자리를 맡기 때문이다. 따라서 아내가 자기보다 많이 벌면 권리를 빼앗겼다고 억울해하고 경제적으로는 물론 인간적으로도 무시를 당한다고 생각한다.

　남성이 강하고 우월하므로 여성을 통제해야 한다. 이러한 전통적 가치관은 다방면에서 현대의 사회적 공생을 해친다. 여성보다 오히려 남성들 자신에게 더 해롭다. 어릴 때부터 사내아이들은

'사내답게' 행동해야 한다고 배운다. 아들 방에는 파란색 벽지를 바르고 장난감 자동차와 레고를 사주고 같이 축구를 한다. 그래서 분홍색과 인형은 여자애들만 갖고 노는 것이라고 자동적으로 머리에 입력하게 된다.[23] 그게 뭐가 문제일까?

텍사스대학교 오스틴 캠퍼스의 발달심리학자 리베카 비글러 (Rebecca Bigler)가 1990년대에 실시한 실험을 소개하겠다.[24] 초등학교 교사와 학생들을 대상으로 한 이 실험은 아이들의 성별 고정관념이 어떻게 자라며 그것이 어떤 결과를 낳을 수 있는지를 잘 보여준다.

비글러는 실험을 위해 교사를 두 집단으로 나누고, 첫 번째 집단에게는 교실을 성별 고정관념에 맞게 꾸미게 하였다. 여자아이들의 알림판은 분홍색으로, 남자아이들의 알림판은 파란색으로 구분했다. 아이의 이름을 적은 카드도 성별에 따라 분홍과 파랑으로 나누었고 순번을 정할 때도 항상 남자-여자-남자-여자 순을 따랐다. 그리고 "오늘은 여학생들이 참 잘했어요" "남학생들이 역시 집중을 잘하는군" 하는 식의 말을 자주 했다. 그러나 남학생과 여학생을 차별하지 않고 똑같이 대했다. 이것이 실험의 중요한 부분이었다. 어느 한쪽을 차별하거나 경쟁을 붙이는 일이 없어야 했다. 또 성별 고정관념을 아이들에게 전달해서도 안 되었다. 책상을 옮기는 일은 '크고 강한' 남학생들에게 시키고 청소는 여학생들에게 시키는 식의 행동을 하면 안 되었다. 성별은 기능적으로만 사용했다. 다시 말해 남과 여를 구분하고 꼬리표를 붙이고 분류하기만 했다. 달리 말하면 굳이 실험을 하지 않아도 흔히 볼 수 있는 전형적인 우리 학교의 교실 풍경이었다.

나머지 절반의 교사들에겐 학생의 성별을 완전히 무시하라고 지시했다. 아이를 부를 때는 이름을 사용하고 항상 학급을 전체로 취급했다. "똑똑한 여학생이네요" "지금부터 남학생은 고개를 숙여요" 같은 식의 표현을 쓰면 안 되었다. 대신 "캐런이 오늘 선생님을 잘 도와주었어요" "톰, 숙제를 정말 잘했네"라고 말했다.

4주 동안 선생님들이 이런 방식으로 학급을 운영한 후 어떤 결과가 나왔을까? 젠더 라벨링 학급의 아이들이 개인의 이름을 부른 학급보다 훨씬 성별 고정관념이 강해졌다. 선생님이 성별 고정관념을 입에 올리지 않았고 그저 학급을 남녀로 구분하기만 했는데도 건축가, 의사, 대통령 같은 특정 직업은 '남자들만' 할 수 있다고 대답한 여학생들이 많았다. 반대로 간호사, 가정주부, 베이비시터는 '여자들만' 하는 직업이라고 대답했다. '여자들만' 상냥하고 부드러우며 육아를 할 수 있다고도 대답했다. 이런 성별 고정관념의 강화로 인해 젠더 라벨링 학급의 학생들은 집단 내 개인의 차이를 인식하지 못했다. 즉 성별을 기초로 모든 '남학생'은 이런 방향으로 행동하고 '여학생'은 절대 저런 방향으로 행동하면 안 된다는 식의 일반화를 많이 했다. 한마디로, 선생님이 개인의 특징보다 성별에 집중할 경우 아이들은 집단 안에서 개별적 차이가 존재한다는 사실을 간과하게 되었다.

이런 결과가 왜 지금 중요한가? 이 실험 결과는 성별에 따라 달라지는 행동 방식은 존재하지 않는다는 사실을 보여준다. 그리고 그런 고정관념 위에 세워진 규범적 사고방식은 더불어 살아가는 공동체를 위협할 수 있다는 사실도 입증한다. 즉 어떤 아이가 그 규범에서 벗어나는 행동을 할 경우 지체 없이 잘못된 행동이라고 평가해버릴 것이다. 가령 앞의 실험에서 젠더 라벨링 학급의 아이들이 4주가 지난 후 '모든 남학생은 운동을 좋아한다'고 생각하게 되었다고 가정해보자. 그런데 그 학급에 운동을 좋아하지 않고 공을 '계집애처럼' 잘 못 차거나 잘 못 던지는 남학생이 하나 있다면 어떻게 될까? 여기서 '계집애처럼'은 못한다는 말의 동의어로 사용된다. 그럼 다른 아이들은 그 아이를 괴롭힐 것이고 아이의 자존감은 일찍부터 바닥으로 떨어질 것이다. 아무 잘못도 안 했는데 비난과 구박을 받을 것이다. 그저 친구들이 모든 남학생이나 여학생이 정해진 길을 가고 정해진 특성과 선호를 보여야 한다고 생각하기 때문이다. 어른들이 아무 생각 없이 성이라는 범주를 사용한 결과 수많은 아이들이 이런 혹독한 대가를 치르는 것이다.

성평등 교육을 하는 스웨덴의 유치원 '에갈리아'에서는 다른 풍경이 펼쳐진다. 아이들은 성별 고정관념을 거스르는 교육을 받는다. 가령 직업 교육을 할 때 우주항공사가 나오면 여성 우주항공사의 사진을 보여준다. 그래서 이곳의 아이들은 성별에 따라 직업이 정해져 있다는 생각을 하지 않는다. 장난감이나 책을 나누어줄 때도 마찬가지이다. 동성애 커플이나 혼자서 아이를 키우는 엄마 아빠가 많이 등장하는 책을 읽어준다. 그래서 아이들은 비록 주변에서 전통적인 생활 방식을 접하더라도 그것만이 유일한 삶의 방식이 아니라는 사실을 배운다.

아픔을 드러내면 약점이 된다

"남자다운 남자가 되고 싶다면 여자 없이도 잘 살 수 있다는 걸 보여줘야 한다."

'남자답게 사는 법'을 가르친다는 어떤 홈페이지에서 일러준 여러 조언 중 하나이다. 거기서 말하는 '남자다운 남자'란 정서적으로 독립적이며 절대 약한 모습을 보이지 않고 어떤 상황도 헤쳐나갈 수 있는 남자이다.

하지만 한 사회에서 통용되는 남자다움은 자연적인 것이 아니라 문화와 시대에 따라 변하는 것이다. 마음이 여리고 약한 남자는 남자답지 못하다는 요즘의 해석이 항상 그랬던 것은 아니라는 말이다. 중세 유럽의 기사들은 귀족 여성을 향한 사랑의 감정을 마음껏 쏟아냈고 그것이 남자다움의 증거라고 생각했다. 이루어지지 못한 사랑의 고통과 실망을 다 표현하는 것이 사내답지 못하게 징징대는 유약한 행동이 아니라 강인함을 보여주는 방법이라고 말이다. 고통을 겪고도 무너지지 않는다면 그거야말로 강인함과 남자다움의 증거가 아니겠는가. 실제로 상처받은 마음과 자신의 고통을 남에게 보여주려면 어떤 감정도 들어가고 나올 수 없도록 갑옷으로 꽁꽁 심장을 둘러싸는 것보다 더 많은 용기가 필요하다. 그럼에도 우리는 전자를 허약하다고, 후자를 강하다고 말한다.

그러니까 요즘 사람들이 생각하는 남자다운 남자가 되려면 약한 모습을 숨기고 강해지려 노력해야 하겠지만 그것 말고도 여러 가지가 더 필요하다. 무엇보다 경제적으로 성공해야 하고 여자들과 연애도 잘해야 하며 권력도 가져야 한다. 이런 면에서 '성공적'이지 못하면 모욕과 비난을 감수해야 한다. 그리고 그런 비난과 모욕을 감당하지 못하는 남성들은 다양한 형태의 폭력적 행동을 보이기도 한다.

이런 식의 폭력적 행동 패턴은 사춘기부터 나타난다. 또래 친구들로부터 '남자답지' 못하다고 인식된 사내아이들은 '약한 모습'을 보이고 '계집애처럼' 행동한다. 그 말은 불안해한다는 뜻이다. 그 아이가 그것으로 그치지 않고 여자에 대한 관심마저 보이지 않으면 기존의 성 규범을 따르지 않는 것이기에 더욱더 친구들에게 무시당하고 배척당한다. 이들이 자기 성의 기대를 다시 충족해 남성성을 탈환하는 방법은 폭력뿐이다. 지배적인 남성성의 이미지와 폭력이 이렇듯 밀접한 관련이 있다는 사실은 미국의 총기 난사 사건에서 특히 잘 확인할 수 있다.

폭력은 남성성을 재생산한다

미국에서는 1982년에서 2018년 2월까지 무려 97건의 총기 난사 사건이 발생했다.[25] 그중 94건을 남성이 저질렀고 2건은 여성이 혼자서, (2016년 12월 샌버너디노에서 발생한) 나머지 1건은 남녀가 함께 저질렀다. 만일 97건 중 94건을 여성이 저질렀다면 어땠을까 한번 상상해보라. 과연 세상이 이렇게 조용했을까? 혹시라도 여성을 바라보는 사회의 관념이 폭력을 조장하지는 않았을까, 너도 나도 소리 높여 비난을 쏟아냈을 것이다. 그러나 남성이 폭력 사건의 범인인 경우 사람들은 성별과 그 뒤에 숨은 사회 규범의 중요성에 대해 고민하지 않는다.

대신 초점이 범인의 정신 질환으로 향한다. 질문을 거꾸로 해보면 어떨까? 정말로 정신 질환이 총기 난사 사건의 원인이라면 왜 여학생들은 그런 짓을 저지르지 않을까? 왜 하필 백인 남학생들만 범행을 저지를까? 미국에서는 정신 질환이 있어도 정신과 치료를 못 받는 사람들이 많다. 소수 인종, 가난하고 일자리가 없는 사람들은 더더욱 치료를 꿈도 꾸지 못한다. 그런데도 대부분의 총기 사건은 백인들이 저지를 뿐 아니라 그중에서도 중산층 백인 남성이 대부분이다. 정말로 심리 치료를 제때 못 받아서 질환이 심각해진 것이라면 가난한 소수 인종이나 여성들이 총기를 휘둘러야 마땅하지 않을까? 하지만 통계상 중산층 백인 남성이 대다수다. 특권도, 권력도 가장 많이 누리는 사회 구성원들이 말이다. 따라서 질문이 바뀌어야 한다. '왜 그는 심리 치료를 받지 못했는가?'라고 물을 것이 아니라 '백인 남성들에게 무슨 일이 일어나고 있는가?'라고 물어야 한다.

사회학자이자 반폭력행동가인 잭슨 카츠(Jackson Katz)는 학교 총기 사건을 집중 연구했다. 그리고 폭력의 주요 원인인 남성성에 토론의 초점을 맞추어야 한다고 주장한다.[26] 그가 발견한 범인들의 공통점은 잔인한 컴퓨터 게임이나 심리 문제가 아니라 동급생들에게 충분히 남자답다고 인식되지 않았다는 사실이다.

여기서 중요한 문제는 폭력이 특정 목적을 이루기 위한 남성 특유의 길이라는 점이다. 폭력의 한 종류는 내적 고통의 외적 표현이다. 가령 소속되고 싶은 갈망이 채워지지 못해 절망하고 분노하다가 폭력을 휘두르게 되는 것이다. 우리 사회의 기대와 규범은 남성들에게 특정한 감정만 허용한다. 분노와 화는 공동체의 남성 구성원들에게 용인되고 기대되는 정서적 표현 형태이다. 하지만 우리 사회의 지배적인 여성성 이미지에 따르면 여성은 목적을 이루기 위해 폭력을 수단으로 사용해서는 안 된다.

폭력은 또 복수의 한 형태이다. 카츠에 따르면 남성들은 빼앗겼다고 여기는 것을 되찾기 위해서도 자주 폭력을 사용한다. (전) 여자 친구에게 신체적 폭력을 휘두르거나 생명을 빼앗는 '데이트 폭력'은 물론이고 자신을 충분히 남성적이라고 인정해주지 않은 같은 반 여자아이들한테까지 피의 복수를 하려고 한다. 범인들이 평소 폭력을 사용하지 않은 이유는 기질상 문제가 있어서가 아니다.

이들이 권력을 과시하고 타인을 통제하기 위한 수단으로 폭력을 사용하기 때문이다. 폭력을 이용해 이 사회가 남성에 거는 기대를 충족하고자 하는 것이다. 물론 권력과 권위를 잃었다고 생각하는 모든 남성이 폭력범이 된다는 뜻은 아니다. 그러니 왜 그렇게 많은 남자아이들과 성인 남성들이 폭력을 문제나 불안의 해결책으로 생각하고 자신에게 무언가를 앗아 간 사람들에게 복수를 하려고 하는지, 이제는 그 문제를 진지하게 고민하고 토론해봐야 할 때인 것 같다.

역차별을 주장하는 이유

여전히 많은 사회 분야에서 남녀 불평등이 심하지만 유일하게 여성이 남성을 많이 따라잡았거나 심지어 추월한 분야가 있다. 바로 교육이다. 요즘 여성들은 남성 동료들보다 성적도 더 좋고 학력도 더 높다. 사회학자 토머스 디프리트(Thomas A. DiPrete)와 클로디아 버크먼(Claudia Buchmann)의 연구 결과에 따르면 이런 현상은 지배적 남성관과 연관이 있다.[27] 다시 말해 남학생들의 성적이 떨어지는 것은 해부학, 호르몬, 뇌 구조보다는 남성성(masculinity)에 대한 사회 규범과 더 관련성이 크다는 것이다. 음악, 미술, 연극, 외국어 같은 학교 밖 문화 활동을 많이 하는 남학생은 그렇지 않은 친구들보다 교우 관계도 더 좋고 성적도 더 우수했다. 하지만 많은 수의 남성 청소년들이 이런 활동들을 남성적이지 않다고 생각하여 거부하고 무시한다. 따라서 초등학교뿐 아니라 그 이후로도 여학생들이 남학생들보다 관계 능력과 행동 능력이 더 우수하며 인지적 학습 수준도 훨씬 더 높게 나타난다.

앞으로는 남성이 여성 파트너보다 덜 버는 커플을 허다하게 만날 수 있을 것이다. 가족을 먹여 살리는 외벌이 가장의 역할은 오래 지속될 수 없을 것이며, 특히 저임금 부문에서는 더욱 그러할 것이다. 여성의 취업률이 상승하는 것은 물론이고 여성의 수입 역시 더 높아질 것이다. 대학 졸업생 비율도 남성보다 여성이 더 많다. 오스트리아의 경우 특히 이민 2세대와 3세대에서 이런 경향이 두드러진다. (생산 자동화의 영향으로) 신체적 힘만 사용하는 직업군은 줄어들 테지만 (정보 사회의 디지털화로 인해) 지식 집약적 직종은 더 성장세를 보일 것이다. 이는 유럽에서만 나타나는 개별 현상이 아니라 세계적으로 확인되는 일반적 현상이다. 따라서 우리 사회도 이런 발전에 적응하려 노력해야 할 것이다. 가령 남성 교원 비율을 더 높이는 것도 한 가지 방법이다. 남자 선생님이 많아지면 아이들의 경험 폭도 늘어날 것이고 무엇보다 남학생들에게 자신을 억제하고 남을 보살피는 직종의 바람직한 모델을 제공할 수 있을 것이다.

하지만 안타깝게도 세상은 정반대 방향으로 가고 있다. 유럽 전역에서 진보적 변화를 두려워하는 보수 집단들이 반발하고 있다. 이런 반동 집단의 기본 생각은 과거의 남성성과 남성의 우월함을 되찾아야 마땅하다는 것이다. 그 뒤편에는 남성 가장이 이끄는 완벽한 전통적 가족이 사회의 기틀이라는 생각이 깔려 있다. 보수적 가족 모델을 향한 이런 향수는 여성 해방 및 다양한 삶의 형태를 용인하는 사회 변화와 그로 인한 불안과 불확실성의 결과이며, 또 그에 대한 그들의 대답이다. 새롭게 얻은 소수의 권리와 자유를 되돌려 빼앗아야 한다는 것이다.

많은 백인 남성들이 스스로를 다문화주의와 페미니즘의 피해자라고 생각한다. 그것들로 인해 남성의 주도권과 권위가 위협받는다고 느끼기 때문이다. 이런 시각은 요즘엔 남성이 진짜 차별을 받는 피해자라고 주장하는 남성권리운동에서 특히 두드러진다. 다른 사회 집단이 자결권을 쟁취함으로써 남성이 약해졌다는 것이다. 이들은 권력과 정체성과 특혜를 잃을지 모른다는 불안에서 성평등 운동을 폄하하고 페미니스트들을 비난하며 심지어 디지털 공간에서 이들을 죽이겠다고 협박한다. 그러나 다른 집단의 권리를 하찮게 여기거나 무시할 때에만 자신이 더 강해진다고 느끼는 것 자체가 거꾸로 약해진 정체성과 힘을 입증한다.

사실 허약해진 남성성은 어디서나 쉽게 확인할 수 있다. 가령 성과 관련된 사회 문제(가령 한 여성이 남성들에게 여러 차례 괴롭힘을 당했다)가 대두되었을 때 자신은 물론이고 모든 남성이 모욕감을 느낀다고 주장하고, '남자라고 다 그런 건 아니다' '남자들도 그런 일을 당한다'는 주장을 펼치며, 남성 적대적이거나 남성 차별이라는 식으로 문제의 심각성을 희석하고, 잘 알지도 못하면서 무조건 남자 편만 든다면, 그것이 바로 남성성이 약해졌다는 증거이다. 또 구체적인 상황과 무관하게 무조건 여성스럽다는 말을 들을까 봐 겁을 내고(가령 여성적이라고 인식될 수 있는 활동을 피한다), LGBTQ(레즈비언·게이·바이섹슈얼·트랜스젠더·퀴어)로 분류될지 모른다는 불쾌감을 드러내며(가령 다 들을 수 있게 큰 소리로 자기는 여자를 좋아한다고 외친다), 아무도 안 물어봤는데 자기는 동성애자가 아니라고 말하고 다닌다.

자신의 남성성이 튼튼하다면 당당하게 분홍색 외투를 입고 컵케이크를 구울 것이고 남들이 뭐라고 하건 말건 화장을 하고 다니기도 할 것이며, 친구가 슬픔에 빠지면 거침없이 꼭 안아 위로해 줄 것이다. 친구를 안아준다고 해서 동성애자라고 손가락질할 사람도 없거니와 그런다고 해서 당장 동성애자가 되는 것이 아님을 확신할 테니 말이다. 또 설사 남들이 동성애자라고 생각해도 남성성이 훼손된다고 생각하지 않을 것이다. 그의 남성성은 겉모습이나 외부의 판단에 좌우되지 않을 것이다. 무슨 일이 있어도 흔들림 없이 튼튼할 테니 말이다.

우는 남자를 위하여

남성성은 문화와 역사에 따라 변하는 사회적 구조물이다. 따라서 우리는 이 사회에 몸담은 일원으로서 우리 사회가 어떤 특성과

품성을 남성성과 결부하는지, 혹시라도 여성성을 폄하하지는 않는지 살피고 책임질 의무가 있다. 연약함과 공감은 여성의 특성이 아니라 인간의 특성이다. 그런데 남자들은 그 인간의 특징을 외면하라고 배운다. 자신의 고통을 인정하지 않고 약해지지 않는 것이 남자다움이라고 말이다.

어려서는 남자아이들도 울고 싶으면 울고 웃고 싶으면 웃는다. 하지만 자라는 동안 여자보다 약한 모습을 보이면 안 된다고 끊임없이 학습당한다. 자기 감정에 솔직하지 못한 것은 자연스럽지 않을뿐더러 자신은 물론이고 남들에게도 도움이 되지 않는다. 슬픔과 절망을 억누르다 보면 나중에는 아예 느낄 수도 없게 된다. 그렇게 자신의 아픔을 느끼지 못하면 남의 아픔도 공감할 수가 없다. 고통과 아픔을 인정하고 표현하는 것이 여자 같은 짓이라고 손가락질당하다 보면 결국 타인의 마음을 이해할 수도 없고 남의 아픔을 같이 아파할 수도 없게 되고 마는 것이다.

3

이주

국외 거주자는 1급 이민자이다

— 리코 쉬파흐

지난 몇십 년 동안 유럽은 다양한 형태의 이주를 경험했다. 일자리를 찾아 제3세계에서 유럽으로 건너와 장기간 머무르는 외국인 노동자에서부터 공부를 하러 온 유학생과 유럽 지사로 파견된 주재원 같은 임시 체류자를 거쳐 2015년 비극적 상황으로 인해 유럽으로 몰려든 난민들에 이르기까지 이주민의 행렬이 끝없이 이어졌다. 특히 최근의 난민 사태는 그 파장이 작지 않다. 유럽연합의 외적 경계는 무너졌고 국제 인도주의 시스템은 고장 나버렸으며, 유럽연합의 핵심 원리인 자유이동권이 위협받고 있고 전후 최대 규모의 평화 실험인 유럽연합 자체의 미래도 불투명하다.

정치권의 논의는 경제적 자기 보존 능력, 다시 말해 노동 시장에서 이주민을 사용할 수 있는 가능성에 초점을 맞춘다. 이민 정책 역시 유럽의 경쟁력을 높이고 실업률을 낮추며 이런저런 사회 비용의 지출을 미연에 방지하자는 수준에 멈추어 있다. 그러나 현 상황에선 오직 경제를 기준으로 삼는 이런 판단은 안 된다. 난민의 수용 기준이 인도주의라면, 글자 한 자 모르는 무식한 사람도 노벨평화상 수상자도 똑같이 보호받을 권리가 있다. 하지만 현실은 다르다. 현실에서는 남들보다 더 불쌍한 모습을 연출할 줄 아는 사람들이나 영웅적인 행동을 한 사람들이 득을 보고 있다. 3부 1장에서는 이런 현실이 왜 불공평한지 살펴보려 한다. 또 난민들은 민주주의의 가치를 모른다는 생각이 얼마나 독선적인지도 돌아볼 것이다.

　이주한 '남들'과 유럽인 '우리'의 대립은 오랜 역사를 자랑한다. 이주민이 복지 국가의 짐이 될 것이라는 걱정은 20세기 초부터 서유럽에 널리 퍼져 있었다. 이런 담론이 어떻게 불평등을 부추기는지, 왜 정착한 지 오래된 이주민들조차 새로 건너온 이주민들을 환영하지 않으며 이방인에 대한 이런 적대감은 현대와 어떤 관련이 있는지가 2장에서 다룰 이야기들이다.

1

이곳에 머물
자격이 있는 자는
누구인가?

세계인을 울린 사진 한 장

난민 및 망명과 관련하여 지난 몇 년 동안 유럽연합에서는 수많은 인간 드라마가 펼쳐졌다. 수천 명이 유럽 국경을 지척에 두고서 물에 빠져 목숨을 잃었다. 2016년 한 해만 해도 지중해에서 목숨을 잃은 사람이 5000명에 가까웠다. 자연재해가 아니라 실패한 정책 때문이었다. 이들은 모두 전쟁과 테러, 가난을 피해 도망친 사람들이다. 인도주의의 위기라는 제목의 뉴스들이 연일 언론을 도배했다. 그중에서도 두 사건이 특히 사람들의 가슴을 울렸다.

2015년 8월 오스트리아 파른도르프 근처 고속 도로에 세워진

냉장 탑차에서 71구의 시신이 발견되었다. 이라크, 시리아, 아프가니스탄, 이란에서 도망친 난민들이 14평방미터도 채 되지 않는 좁은 공간에 숨어 있다가 질식사한 것이다. 오스트리아 고속 도로 경찰이 탑차를 열어 그 비극의 현장을 발견했다. 〈슈피겔〉지는 '전환점'이라는 제목의 사설에서 이렇게 말했다. "화물차에 탄 사람들은 목표에 도달하지 못했다. 하지만 그날 마침내 난민 위기가 시민들의 머리에, 언론에, 정치에 도달했다."[28]

왜 난민 위기가 그 순간에야 사람들의 머리에 도달했을까? 유엔난민기구(UNHCR)의 통계에 따르면 2014년 지중해를 거쳐 유럽으로 오다가 죽거나 실종된 사람이 3538명이었다.[29] 최소 추정치이니 아마 실제 수치는 몇 배 더 많을 것이다. 분명한 것은 지난해 아프리카나 중동에서 지중해를 건너다가 목숨을 잃은 난민의 숫자가 파른도르프 근처의 냉장 탑차에서 사망한 사람들의 숫자보다 500배는 더 많다는 사실이다. 이렇게 수년간 생겨난 전체 희생자의 2000분의 1에 해당하는 적은 숫자이지만 우리 집 문 앞에서 시신으로 발견되었다는 이유로 이들이 게임 체인저가 된다면, 공감을 불러일으키는지의 여부는 비극의 규모가 아닌 공간적 거리로 결정되는 것 같다.

한 달 후인 2015년 9월 한 아이의 사진이 전 세계로 퍼졌다. 시리아 내전을 피해 지중해로 나섰다가 목숨을 잃은 아일란의 사진이었다. 사진에는 세 살배기 사내아이가 터키 해변에 엎드린 채 죽어 있다. 한 젊은 경찰이 외면하고 싶은 듯 고개를 옆으로 돌린 채 아이를 들어 나른다. 그 장면이 터키어 해시태그 #KiyiyaVuranInsanlik('파도에 휩쓸려 간 인간애')를 달고 트위터에서 급속도로 퍼져나갔다. 신문들은 앞다투어 그 사진을 1면에 실었고 세계인이 아연실색했다. "해변으로 떠밀려온 시리아 아이의 이 사진을 보고도 유럽이 난민에 대한 태도를 바꾸지 않는다면 어찌할 것인가?"[30] 영국 신문 〈인디펜던트〉는 이렇게 물었다. 아일란은 내전을 피해 유럽으로 넘어오다 목숨을 잃었다. 아일란보다 앞서 수천 명의 어른과 아이들이 똑같이 목숨을 잃었다. 하지만 인도주의 위기의 상징이 된 것은 죽은 세 살배기 아이의 사진이었다. 그의 사연이 난민 위기에 얼굴을 선사했다.

여기서 인간의 패러독스가 드러난다. 우리의 공감은 반드시 고통을 겪는 사람들의 숫자와 관련 있지 않다. 우리의 공감은 오히려 개인에게서 솟구친다. 그를 보며 자신을, 자신의 아이들을 떠올리기 때문이다. 지중해에 빠져 죽은 500명의 난민 뉴스는 그 정도의 고통을 유발하지 않는다. 숫자 뒤에 숨은 개인들은 추상이 되고, 추상은 감정을 불러일으키지 않기 때문이다. 고통받는 사람이 우리와 가까워야, 혹은 그들의 고통이 가깝게 느껴져야 우리는 그들과 자신을 동일시하고 그 고통에 맞설 각오를 다지게 된다.

이 사실은 망명 신청이 기각된 난민들의 체류권을 위해 연대한 유럽인들의 사례에서도 확인할 수 있다. 빈(Wien)대학교의 정치학자 지글린데 로젠베르거(Siglinde Rosenberger)가 실시한 연구 결과에서도 사회적 접촉이 강제 추방 반대 운동의 촉진제였다. 이 학자가 조사를 해보니 그런 운동에 앞장선 사람들 중에는 정치 조직에 가입한 적도, 정치 참여를 해본 적도 없는 작은 마을 사람들이 많았다.[31] 그저 한 동네에서 같이 살던 이주민의 운명과 인간 드라마에 마음이 움직여 공식적인 강제 추방 반대 운동에 동참하게 된 것이다. 그리고 실제로 그런 수많은 작은 지역의 저항이 강제 추방을 막을 수 있었다.

그러니까 핵심은 사회적 친밀도, 친숙한 개별 사례에 있다. 쫓겨나게 생긴 이주민이 평소 우리 집에도 놀러 오던 아들의 같은 반 친구이다. 개인적인 관계를 통해 공감과 부당하다는 느낌, 타인의 상황을 개선하고픈 욕망이 생겨난다. 이런 관계가 탄생할 수 있으려면 서로를 알 수 있는 계기가 반드시 필요하다. 아이들은 학교에 다닐 수 있어야 하고 어른들에겐 일자리를 제공하고 여가 시설을 이용할 수 있게 해야 한다. 그러나 정치권은 이런 가능성을 차단하기에 바쁘다.

아직 유럽의 언어를 모르는 난민 아이들은 따로 학급을 배정하기 때문에 그 아이들이 친구들과 어울리며 자연스럽게 언어를 배울 수 있는 기회가 사라진다. 또 난민 보호소는 지역민들이 사는 주거지에서 멀리 떨어진 외곽에다 둔다. 자국민과의 접촉이 생길 수가 없으므로 연대 활동과 정치권의 부정적 결정에 반대하는 저항 운동이 발전은커녕 아예 싹이 트지도 못한다. 따라서 지역민들이 공감과 의무적 책임감을 느낄 수 있는 가능성도 줄어든다. 난민 문제를 바라보는 개인의 입장이 어떻든 관계없이 지역민과 접

촉이 많은 사람의 체류 기회가 더 높다는 사실은 불공정하지 않은
가?

불쌍하거나 용감하거나

사회적 접촉뿐 아니라 불쌍한 피해자라는 이미지도 체류 여부
를 결정하는 중요한 기준이다. 취약함이 체류권을 주어도 좋다는
기준이 된다. 좀 과장하면 자신을 위해 싸워줄 유럽인을 몇 사람
알고, 아이가 있어 슬픈 표정을 지은 아이의 사진을 올릴 수 있다
면 크게 유리할 것이다. 우리가 인권 수호 투쟁을 하기 위해선 먼
저 정서적 충동이 일어야만 하는 것 같고, 이런 충동은 특히 피해
자 역할을 잘 연출하는 사람이 더 많이 유발한다. 그래서 이런 의
문이 들지 않을 수가 없다. 애당초 엄마와 아이들에게 더 유리하
지 않을까? 그렇다면 독신 남성은 너무 불리하지 않은가?

그러하기에 지역적 접촉을 활용하여 자신의 상황을 감동적으
로 묘사할 줄 아는 사람, 비극과 제물과 상실의 전통적 이미지를
잘 연출할 줄 아는 사람을 위해 투쟁하는 것도 어찌 보면 독선적
행동처럼 보인다. 사진을 찍어 디지털 플랫폼에 올려주거나 자신
의 슬픈 사연을 유럽의 언어로 써줄 사람이 하나도 없다면 체류
할 기회도 줄어들 것이 아닌가? 전쟁을 겪은 사람들은 주눅이 들
게 마련이다. 애당초 성격이 내성적이어서 남 앞에 잘 나서지 않

는 사람들도 많다. 또 아이들의 사진이나 사생활을 공개하고 싶지 않은 사람들도 있을 것이다. 그럼 이 사람들은 보호받을 가망이 줄어드는가? 불쌍한 피해자 이미지를 거부하는 사람들은 어찌 되는가? 자신은 수동적인 피해자가 아니라 능동적으로 전쟁을 피해 도망쳤기에 망명의 권리가 있다고 생각하는 사람들은? 취약성이 보호받기 위한 전제 조건이라면 망명을 합법적으로 요구하기 위해서는 피해자가 되어야 한다. 그렇다면 난민을 둘러싼 논의에서 자주 떠오르는 그 질문도 자연스레 등장해야 할 것이다. 왜 남자들이 그렇게 많이 오는가? 여자와 아이들이 취약해서 더 보호가 필요한 곳에서 말이다.

지역적 접촉과 결합된 취약성은 합법적 체류의 기회를 높일 수 있는 한 가지 요인이다. 또 한 가지 요인은 취약성과 정반대인 모습이다. 바로 영웅적 행동이기 때문이다. 2018년 5월 파리에서 스물두 살의 마무두 가사마가 길을 걷다가 5층 발코니 난간에 매달린 아이를 목격했다. 말리에서 온 이주민인 가사마는 주저 없이 맨손으로 건물을 기어 올라가 아이를 안전하게 구조했다. 이 영상, 즉 한 이주민의 영화 같은 구조 영상은 들불처럼 인터넷으로 퍼져나갔고 그는 '스파이더맨'이라는 별명을 얻었다. 생명을 건 구조 활동 덕에 마무두 가사마는 영웅이 되었다. 프랑스 대통령은 직접 그를 만나 그에게 시민권과 소방관 특채 소식을 전했다. 또 파리 경찰은 그의 용기와 활약을 치하하는 의미에서 상장을 수여했다. 시 외곽의 난민 수용소에서 살며 불안한 하루하루를 보냈을 가사마는 용감한 행동 덕분에 언제 쫓겨날지 모른다는 걱정에서 마침내 해방된 것이다. 한 편의 현대판 동화라 하겠다. 그가 그 시점에 그곳에 없었다면, 혹은 그 정도의 근력과 용기가 없었다면 그는 지금까지도 불안에 떨며 살고 있었을 것이다.

마무두 가사마는 파리의 칭송을 받은 최초의 영웅이 아니다. 2015년 1월에 등장했던 영웅의 이름은 라사나 바틸리였다. 무슬림 난민이었던 그는 파리 외곽의 유대인 식료품 가게에서 일했다. 어느 날 무장 괴한들이 가게로 들이닥쳤고 15명의 손님들이 가게 뒤편으로 도망쳤다. 바틸리는 손님들을 지하 냉장실로 피신시켰다. 그리고 그들이 지하에서 구조를 기다리는 동안 소방 사다리를 타고 밖으로 나가 경찰에 신고했다. 가게에서 이미 4명의 목숨을 앗았던 인질범들은 경찰에 사살되었다. 지하에 숨은 손님들은 모두 무사했다. 이 사건은 젊은 아프리카인이 이타적 행동으로 프랑스 공화국의 평등 정신을 실천에 옮겼다는 점에서 더욱 큰 의미를 띠었다. 종교를 떠나 만인은 평등하다는 사상을 몸으로 보여주었으니 말이다. 덕분에 당시의 내무장관 베르나르 카즈뇌브는 '환영한다'는 인사말과 함께 그에게 프랑스 시민권을 선사했다.

체류 허가를 받으려면 영웅이 되어야만 하는 것일까? 물론 놀라운 용기를 보여준 가사마와 바틸리는 합당한 사례를 받아 마땅하다. 그러나 그들의 운명과 프랑스에 망명을 신청한 수천 난민들의 가혹한 일상이 극명하게 대비되는 것은 어쩔 수 없다. 또 난민이 프랑스인을 구했을 때는 칭찬을 받지만 프랑스 시민이 어려움에 빠진 난민을 구할 때는 체포당한다. 대표적인 사례가 난민을 도운 프랑스 농부 세드리크 에루(Cédric Herrou)이다. 2016년 8월 그는 자신의 트럭에 에리트레아와 수단 사람들 여러 명을 싣고 이탈리아와 프랑스 간 국경을 넘다가 붙잡혀 구류형을 받았다. 에루는 프랑스의 가치를 지켰을 뿐 범죄를 저지르지 않았다고 주장했다. 하지만 프랑스에서 난민을 돕다가는 비싼 대가를 치를 수도 있다. 인도주의 정신으로 난민을 도운 사람들이 여러 차례 기소되었다. 돈을 받고 불법으로 난민을 수송하는 범죄자들과 인도주의 정신으로 연대하는 사람들을 구분할 수 없다는 것이 기소 이유이다.

2

이방인과
열린 사회

기득권자가 된 이주민

오스트리아 공영 방송 ORF의 프로그램인 〈일상 이야기〉의 한 장면이 인터넷에서 돌아다니고 있다. 오래전 유고슬라비아에서 오스트리아로 이주한 여성이 빈의 브룬넨마르크트에서 인터뷰를 한다. 유고슬라비아 악센트와 사투리가 뒤섞인 말투로 그녀는 예전이 좋았다고 말한다. 말의 요지를 정리해보면 이렇다. 자기가 세르비아에서 오스트리아로 넘어올 당시만 해도 이주민은 오스트리아에 큰 도움이 되는 일손이었지만 요즘 이주민들은 아무짝에도 쓸모가 없다. 요즘 이주민들은 젊은 사람 일자리나 빼앗고 공공시설을 더럽히기만 할 뿐이다. 자신은 여기 온 지 워낙 오래되어서 모르는 것이 없는데 솔직히 말하면 예전이 훨씬 좋았다. 요새는 여기가 너무 오염되었고 다들 제멋대로라서 통 사람 살 데가 못 된다.

좀 황당하다는 생각이 들 수도 있고, 아이러니하지만 오스트리아 문화에 '잘' 동화한 이주 사례로 볼 수도 있겠지만 사회학적으로 보면 그녀의 이런 태도는 정체성 구축의 경계 짓기이다. 그 여성은 공식 담론을 지배하는 우파 포퓰리즘의 시각을 그대로 받아들였다. 이주민과 한통속이라는 취급을 당하지 않으려고 역으로 이주민을 멸시하는 우파 포퓰리즘의 시각을 따르는 것이다. 우파 포퓰리즘 정당에 표를 던져 통합되려는 의지가 없어 보이는 이주민들을 반대하는 이주민들이 생겨나는 이유도 바로 거기에 있다. 타인들과 자신에게 알리고 싶기 때문이다. 나는 그들과 같지 않아! 나는 이 사회에 통합된 사람이야!

혹은 아예 이렇게 말하고 싶은지도 모른다. 나는 오스트리아 사람이야! 이는 자기 집단을 분열시키고 남을 멸시하여 추락의 위험을 막아보려는 노력이다. 또 사회가 각 집단에 부여하는 가치가 다르다는 사고방식을 이미 깊이 새겼다는 증거이다.

사회학자 노버트 엘리아스(Norbert Elias)와 존 로이드 스콧슨(John Lloyd Scotson)은 1965년 『기득권자와 아웃사이더(The Established and the Outsiders)』에서, 사회적 불평등은 계층이나 인종만이 아니라 한 공동체에 거주한 기간에 따라서도 만들어진다는 사실을 보여주었다.[32] 이 두 학자에 따르면 기득권자들, 그러니까 '오래 거주한 사람들'은 새로 들어온 주민들과 거리를 두고 전혀 접촉하려 하지 않는다. 이미 기득권이 된 거주민들과 새로 들어온 아웃사이더들이 서로 나뉘어 집단을 형성하는 것이다. 그리고 기득권 집단은 아웃사이더들에게 그들의 '가장 나쁜' 구성원의 가장 나쁜 특성을 갖다붙이고, 반대로 자신들에겐 자기 집단의 '가장 좋은' 특성을 갖다붙인다. 이 도식은 앞서 인터뷰 내용을 소개한 유고슬라비아 여성에게서도 확인할 수 있다. 오래 이곳에 산 자신은 오스트리아에 큰 도움이 되었지만 지금 새로 들어온 이주민들은 일자리를 빼앗고 공공시설을 더럽힌다고 그녀는 주장했다. 그런 식의 표현은 '남들'과 자신을 구분하고픈 소망을 반영한다. 그 소망이 정체성 구축 과정에서는 필요할지도 모르겠지만 사회적 통합과 연대에는 하등 도움이 되지 않는다는 것은 누가 봐도 분명한 사실이다.

경계 짓기의 역설

요즘 사람들은 이주라는 말을 들으면 일단 문제나 위험을 먼저 떠올린다. 민족 국가에 바탕을 둔 사고 틀에서 생각하기 때문이다. 민족 국가의 규범대로라면 인간은 태어난 나라에서 평생을 살아야 한다. 하지만 요즘 같은 세계화 시대에는 너무 고리타분한 발상이 아닐 수 없다.

사실 이주 그 자체는 긍정적이지도 부정적이지도 않다. 중요한 것은 이주를 불러온 상황이다. 그리고 그것이 '누구에게' 득이 되고 실이 되는지를 결정하는 관점이다. 또한 우리가 이주를 어떤 측면에서 바라보는지도 중요하다. 경제적 측면으로만 바라보는가? 아니면 사회적 측면에서도 바라보는가? 경제적 측면에서만 보면 일단 이주 노동자 스스로가 돈을 벌어 좋을 것이고 이들이 고향의 식구들에게 돈을 부칠 테니 그들의 조국이 득을 볼 것이며 이들을 받아들인 국가들은 부족한 일자리를 메울 수 있어 좋을 것이다. 하지만 이 상황을 사회적 관점에서 바라볼 경우, 가령 루마니아에서는 35만 명 이상의 미성년자가 부모 없이 성장하고 있다.[33] 조부모나 먼 친척이 이들을 키우다 보니 학교를 그만두거나 범죄에 빠질 위험성이 높다. 이것이 서유럽 이주 노동자들의 송금으로 이룩한 루마니아 경제 호황의 이면이다. 하지만 경제적 측면이 무엇보다 우선이기에 이주 노동자의 고국이 감당하고 있는 이런 사회적 이면은 유럽연합 정치 무대의 주제가 되지 못한다.

우리가 이주민에 대해 이야기할 때는 통합 정책과 이주 정책 프로그램이 뒤섞여 있다. 이주민은 이 나라에 체류하는 대신 성과를 보여주어야 하고 무리 없이 적응해야 한다. 체류의 권리는 성과에 대한 요구와 직접적으로 결합한다. 그래서 언어 습득 같은 성과는 미리 입증해 보여야 한다. 가령 오스트리아에 통합되기 위해서는 독일어를 잘해야 하는 것이다. 하지만 그렇다면 왜 특정 집단만 이런 성과를 입증해야 하는지 궁금하지 않을 수가 없다. 왜 프랑스 사람이나 이탈리아 사람은 독일어를 배울 필요가 없는 것일까? 유럽 반인종주의·불관용위원회(ECRI)[34]도 이런 관점에서 공식적으로 언어 차별을 인정했다. 아빠가 아이랑 놀이터에서 영어로 대화를 나누고 영어로 아이를 키우면 바람직한 본보기가 된다. 하지만 터키어로 대화를 나누는 가족은 사회 통합의 의지가 없는 사람들 취급을 당한다.

전체적으로 볼 때 이곳으로 새로 건너온 사람들의 가치는 경제 시스템 내부의 생산성으로 평가된다. 국가는 성과가 뛰어난 이주민에게 문을 활짝 연다. 반대로 인도주의적 차원의 이주나 가족의 동반 이주, 결혼 이주에는 빗장을 건다. 물론 경제적 이용 산법에 맞아떨어진다고 해도 무조건 팔을 활짝 벌려 환영하는 것은 아니다. 경제적 조건을 다 충족했다고 해도 우파 포퓰리즘 진영의 멸시는 피할 수 없다. 이들은 이주의 정의를 의도적으로 모호하게 흐려 부정적 분류의 범위를 최대한 확대한다. 그래서 이주민이 실직을 하면 사회 기생충이고, 노동 시장에서 열심히 일하면 젊은이들의 일자리를 뺏어 가는 도적이며, 자영업을 하면 남은 일자리마저 빼앗으려는 욕심쟁이라고 비난한다.

심지어 이 사회에 잘 적응한 '통합의 본보기'들도 비난을 피할 수 없다. 사회학자 페르디난트 주터뤼티(Ferdinand Sutterlüty)는 발길질은 '아래로'만 향하는 것이 아니라서 사회적 성공에도 멸시가 따른다고 주장한다. 여기에는 경쟁을 막고 사회적으로 추락할지 모른다는 불안을 잊으려는 목적이 있다.[35] 그는 과거 노동자들이 모여 살던 독일의 두 지역을 사례로 들면서 독일인과 외국인 노동자들이 서로를 멸시하는 '부정적 분류'의 다양한 모델을 제시했다. 양측 모두에게서 부족 수준의 사고가 심각하게 나타났다. 이 주민들에겐 이런 현실이 통합을 방해하는 높은 장벽이 된다. 경제적 참여, 정치 참여, 사회적 소속의 권리가 박탈되기 때문이다. 주터뤼티의 연구 결과는 통합의 가장 유력한 후보들이 오히려 낙인의 대상이 되고 있음을 보여준다. 이들이 자국민의 사회적 지위를 가장 위협하는 존재이기 때문이다.

이런 위협감이 널리 퍼지게 된 데에는 정치 엘리트들의 역할이 크다. 많은 정치인이 대중의 인기를 얻기 위해 속죄양과 적의 이미지를 부추기고 원한과 시기, 증오를 자극하는 손쉬운 방법을 택한다. 자신의 이익을 위해 특정 집단을 도구화하고 잠재적 위험 요인으로 매도하는 것이다. 심각한 정치 문제를 힘들게 파헤치는 것보다 이런 방법이 힘은 덜 들면서 얻는 것은 더 많다. 과도한 이주 물결, 일자리 경쟁, 복지 제도의 남용, 범죄 우려를 부추기면서 공포와 불안을 조장하는 편이 훨씬 간편하다. 공공 담론에서 구조적 폐해와 사회적 문제가 자취를 감춘 지는 이미 오래다. 그럴수록 깬 시민들이 나서서 포퓰리즘의 말장난에 놀아나지 않도록 정신을 바짝 차려야 할 것이다. 그 시작은 언어이다.

명칭의 문제: 국외 거주자, 이민자, 난민, 탈출민

이주에 대해 말하는 방식이 이주에 대한 인식에 큰 영향을 미친다. 국외 거주자(Expat)와 이민자(Immigrant)를 굳이 구분하여 부르는 것이 재미있지 않은가? 둘 다 외국에서 들어온 사람들을 말한다. 하지만 고학력 백인[36]으로 자신이 원해서 들어온 사람과 이 조건에 부합하지 않는 사람은 차이가 난다. 고학력 흑인은 유럽에서 국외 거주자라고 부르지 않는다. 필리핀 간호사는 이민자이거나 계절노동자일지언정 국외 거주자는 아니다.

이런 구분은 우연히 이루어진 것이 아니라 특권의 표현이다. 국외 거주자를 높이 평가하기 위한 위계적 구분이다. 명칭은 사회적 계급과 국적과 인종을 나타낸다. 국외 거주자는 여권이 없어도 되고 사회적 통합을 위해 노력하지 않는다. 그래도 아무 상관 없다. 어차피 톱클래스의 전문 인력이고 ─경제적 어려움이 아닌─ 자발적 의지로 이곳에 왔다. 스위스 최대 온라인 쇼핑몰 디지텍 갈락서스(Digitec Galaxus)의 홍보팀장이자 칼럼니스트 리코 쉬파흐(Rico Schüpbach)의 말대로 '국외 거주자는 1급 이민자'[37]인 것이다. 그렇다면 우리끼리라도 모든 이민자를 국외 거주자라고 높여 불러보면 어떻게 될까? 아니면 아프리카에 사는 유럽 국외 거주자들도 이민자라고 불러보면 어떨까? 흥미로운 실험이 될 것 같다.

요즘 우리가 쓰는 '이민자'라는 말도 상대적으로 새로운 용어이다. 대략 10년에 한 번꼴로 이주민을 부르는 명칭이 바뀌는 것 같다. 1970년과 1980년대엔 외국인 노동자가 들어왔고 1990년대엔 이들을 그냥 외국인이라 불렀는데 10년 후엔 이민자라고 부르다가 다시 10년이 흐른 후엔 이민 배경이 있는 사람이라는 명칭을 쓰고 있다. 공식적인 이유는 그 개념들이 이제 더 이상 정치적으로 올바르지 않다는 것이다. 하지만 정치적으로 올바르거나 그렇지 않은 것은 명칭 그 자체가 아니라 그 명칭이 들어간 담론이다. '외국인'이라는 개념은 그 자체가 멸시의 의미를 담지는 않는다. 담론이 그 명칭을 사용하는 방법, 사람들이 그 명칭과 결합하는 것에 멸시가 담겨 있다. 이민 배경이라는 용어가 더 나은지도 의문이다. 그 명칭이 다수 사회의 상징적 표식일 수 있기 때문이다. 과연 이민 배경은 언제 끝난단 말인가? 이미 할아버지의 조국과는 아무런 개인적 연고도 없는 이민 3세대조차 아직 완전한 국민으로 받아들여지지 않는다.

그러므로 각 용어의 확산성을 밝히고 구체화할 필요가 있다. 가령 이주민 수가 과도하다는 말이 나오면 구체적으로 캐물어야 할 것이다. 얼마나 많은 숫자가 들어와야 과도하다고 말할 수 있을까? 그 기준이 무엇일까? 이런 주장은 어떤 사회관을 배경으로 삼을까? 과도한 이주는 객관적 기준이 아니라 포퓰리즘의 가짜 논리이며, 정치적 도구로 전락한 혼란스러운 느낌을 준다. 국가의 정체성과 특권을 잃어버릴지 모른다는 불안을 먹고 사는 사이비 논리이다.

'상한선'이라는 용어는 또 어떤가? 이 말은 국가가 계량컵처럼

금이 그어진 용기이고 거기에 '이민 최대치'라는 선이 그려져 있다는 상상을 불러일으킨다. 물론 수용력의 한계는 어디에나 있다. 하지만 가능한 노력의 한계선은 어디인가? 문제는 머릿수가 아니다. 현재 가장 난민이 많은 나라는 유럽이 아니라 터키와 요르단(각각 250만 이상), 레바논과 파키스탄(각각 100만 이상)이다. 그러니 우리는 접근 방식을 뒤집어 하한선을 정할 수도 있을 것이다. 우리가 할 수 있는 최소한은 무엇인가? 우리는 얼마나 많은 난민을 받아들일 수 있을까? 그럼 사고방식이 완전히 달라질 것이다. '필요 이상은 안 돼'에서 '이것이 우리가 해야 하는 최소한의 도리다'로 바뀔 것이다.

또 난민을 자연재해에 비유하는 언어 습관 역시 우리의 인식에 큰 영향을 미친다. 난민 물결, 난민 홍수, 난민 강물은 물론이고 난민 사태, 난민 습격 같은 표현도 자주 마주친다. 그런 비유는 무의식적으로 거대한 것, 위협적인 것, 우리 손을 벗어난 것을 암시한다. 따라서 공포와 통제 상실의 기분을 불러일으킨다. 홍수는 위험이고, 해결책은 댐을 쌓아 인간 물결의 유입을 막는 것이다. 물론 우리가 의식적으로 그런 이미지를 사용하는 것은 아니다. 하지만 이런 메시지는 교묘하게 전달되어 우리의 정치적 견해와 행동에 막대한 영향을 미친다.

'난민 위기'라는 말 또한 비판적으로 살펴볼 필요가 있다. '난민'과 '위기'가 결합되어 그 사람들의 탈출이 위기를 몰고 왔다는 암시를 주기 때문이다. 그러나 불법 루트를 통한 비조직적 유입이 불러온 '인도주의 위기'에 대해서는 최대한 거론할 필요가 있을 것이다. 유럽으로 오는 안전하고 합법적인 길이 있고, 우리에게는 대규모 이동을 조직적으로 관리할 능력이 있다는 사실을 우리는 잘 알고 있다. 하지만 우리가 도입한 정치 시스템은 이것을 불가능하게 만들었고 그로 인해 간접적으로 불법 브로커들을 양산하고 있다. 기가 막힌 것은 터키에서 그리스로 오는 여객선 요금이 15유로밖에 안 된다는 사실이다. '인도주의 위기'와 함께 '유럽 협력의 위기'라는 말도 가능할 것이다. 유럽은 역사적으로 이미 이와 비슷한 규모의 인구 이동을 여러 차례 경험했다. 물론 '위기'라는 말 자체가 혼란을 불러올 수는 있다. 스포트라이트처럼 지금의 불행만을 집중 조명하기 때문에 그 뒤에 숨은 더 큰 인과 관계의 맥락이 어둠에 묻힐 수 있다. 위기에는 위기관리가 필요하다. 하지만 현 상황은 장기적인 사고의 전환이 있어야 해결할 수 있는 문제이다.

또 '난민'과 '탈출민'이라는 말의 차이도 생각해볼 지점이다. '탈출민'이란 이미 종결된 상황이다. 하지만 '난민'은 장기적인 사태다. 언어의 차이는 정치적 해석 행위가 되기도 한다. 철학자 한나 아렌트(Hannah Arendt)는 나치의 박해를 피해 뉴욕으로 건너온 직후인 1943년 여름에 유대인 잡지 〈메노라 저널(Menorah Journal)〉에 '우리 난민'이라는 제목의 에세이를 기고했다.[38] "무엇보다 사람들이 우리를 '난민'이라고 부르는 것이 싫다. 우리는 우리를 '새내기'나 '이주민'이라고 부른다. 그 개념들은 능동적인 행동을 암시하지만 난민이라는 말을 쓰면 선택권 없는 수동적 피해자로 보이기 때문이다."

요즘엔 '경제 난민'이라는 말도 자주 들을 수 있다. 이 말은 과연 무슨 뜻일까? 난민법에는 그런 조항이 없다. 그러므로 이 용어는 '진짜' 이유를 대지 못하니 여기 계속 머물 권리가 없다는 의미를 담은 주관적이고 도덕적인 잣대이다. 또 과연 누구를 '경제 난민'으로 분류할 수 있는지도 의문이다. 난민의 국적을 근거로 난민 신청을 기각하는 짓은 법적으로 있을 수 없는 일이다. 게다가 탈출의 이유를 명확히 가르기도 힘들다. 전쟁과 위험과 가난은 서로를 강화한다. 한 나라에 전쟁이 터지거나 어떤 사람이 종교적, 인종적 이유로 박해를 받는다면 필연적으로 경제적인 어려움과 가난이 뒤따를 수밖에 없다. 그러니 그들은 경제적인 이유 때문에라도 유럽으로 넘어오게 되는 것이다.

타인 비하, 근대성과 관련 있다

이방인을 향한 적대감이 심해지고 폭력과 멸시와 차별을 통한 구체적인 적대감의 표출도 늘어나는 추세다. 그러나 이런 식으로 불평등을 조장하는 전략은 이미 오랜 역사를 자랑한다. 그 다양한 형태의 적대감이 한곳으로 모일 수 있는 이론적 지평이 바로 근대와의 연관성이다. 근대는 '낡은' 세계에서 '새로운' 세계로의 이행이다. 산업혁명, 종교개혁, 계몽주의, 세속화가 그 시발점이었다. '낡은' 세계에선 종교와 공동체, 질서와 안정의 가치가 지배했다면 '새로운' 세계에선 종교와 국가의 분리, 공동체의 해체, 평등 의식의 성장, 개인에게 전가된 책임이 특징이다.

역사적으로 볼 때 유럽에서 근대와 관련이 있는 적대감은 두 가지 형태이다. 하나는 식민지 확장을 위해 그곳에 사는 사람들의 가치를 깎아내리는 형태이다. 식민지라는 목적을 위해 그곳에 사는 사람들을 자체적으로는 문명을 건설할 능력이 없는 무능한 인간으로 멸시하며, 자원을 약탈하고 제국주의를 정당화하기 위해 그들의 문화와 역사 전체를 무시하는 것이다. 또 하나는 근대화로 인해 전통이 위험해진 집단에 대한 부정적 평가이다. 대표적으로 정치권력과 돈, 국제주의 정신을 자랑하는 유대인과 경제적 활약이 눈부신 아시아인에 대한 혐오('황색 위험')를 꼽을 수 있겠다.

요즘 들어 또 다른 두 가지 형태의 적대감이 두각을 드러낸다. 이번에는 근대화를 이룬 집단이 아니라 근대와 무관하게 정체성을 형성하는 집단을 공격의 대상으로 삼는다. 히잡 같은 상징을 통해 다른 전통과 종교를 드러내는 행위는 긴장을 유발하고 정체성 상실의 불안을 야기한다. 마지막으로 인종 차별은 사회의 귀퉁이로 내몰릴지 모른다는 두려움의 표현이다. 특히 경제 위기와 노동 시장의 불안이 그런 두려움을 부채질한다. 대표적인 현상이 많이 인용되는 백인 남성의 공포, 소위 '가난뱅이 백인(poor white)'의 사고방식이다. 역설적이게도 이들은 근대에 동참하고 싶은 욕망은 갖고 있으면서도 그것의 작동 방식은 거부한다.

이런 인식을 갖고 지금의 사태를 살펴보면 ─여러 가지 입장이 결합된─ 이방인을 향한 적대감의 역사적 맥락을 더 잘 읽어낼 수 있다. 인종을 바라보는 현대의 관점이 원래는 민족적이거나 인종적 의미가 아니라 계급적 의미였다는 사실도 흥미로운 지점이다. 세습 귀족(명문가)은 유럽 귀족 계급 중에서도 상류 계층이다. 노예 취급을 당한 민족들은 자체적으로 문명을 건설할 능력이 없기 때문에 애당초 노예로 살 수밖에 없는 운명이었다. 이런 식의 계급적, 계층적 담론이 훗날 인종적 담론으로 변했다. 요즘 사람들이 믿고 있는 인종의 차이나 갈등도 원래는 계급, 계층, 권력의 차이였던 것이다.

고대 그리스 사람들도 그리스 문화가 아닌 모든 것을 '야만'이라는 한마디 말로 요약 정리해버렸다. 이런 세계관은 매우 재미난 역설을 포함한다. 오늘날 야만적이라는 말은 현실을 '우리' 아니면 '남', 흑 아니면 백, 찬성 아니면 반대로 양분하는 무식한 논리를 뜻한다. '우리'가 아닌 것을 무조건 무시하는 태도를 야만적이라 부르는 것이다. 그런데 '야만적'인 인간들을 거부하는 그 사람들 스스로가 '야만인'과 똑같이 이분법적 태도를 취한다. 야만인이란 그 누구도 아닌 야만을 믿는 사람이기 때문이다.

4

빈부 격차

개인들은 자신에게 내맡겨져서 자신에게 부과된
바로 그 일을 할 자유가 있다

— 주자네 크라스만

일반 해고가 불가능한 전일제(full-time) 근로직, 즉 정규직은 오래 세월 가난의 파도를 막아주는 튼튼한 댐이었다. 열심히 일만 하면 제법 먹고살 만큼 돈을 벌 수 있었다. 그러나 다변화, 개방화, 탈규칙화의 물결에 휩쓸린 오늘날의 노동 시장은 더 이상 예전과 같은 사회적 안전망이 되어주지 못한다. 파트타임, 워킹 푸어, 계약직, 비정규직 같은 불안정한 노동 상황이 증가함에 따라 점점 더 많은 사람들이 빈곤의 위험에 노출되고, 정치 안정화 역할을 도맡던 중산층이 줄어들고 있으며, 퇴직 후 빈곤에 빠지는 노인들도 꾸준히 늘고 있다. 평균 임금을 통한 부의 형성은 옛말이 되어버린 지 오래이다.

노동 시장의 변화뿐 아니라 복지 국가와 가정의 변화 역시 빈곤과 재산 형성에 지대한 영향을 미친다. 사회 복지 시스템의 퇴보는 빈곤을 유발하는 결정적 역할을 한다. 또 한 부모 가정이나 패치워크 가정처럼 '정상 가족'과 달리 물질적 안정을 제공하지 못하는 가족 형태가 늘어나면서 한때 사회 안정에 큰 기여를 했던 가족이라는 제도가 구멍 숭숭 뚫린 그물망이 되고 말았다. 출신 배경은 개인이 어쩔 수 없는 부분인데도, 그것의 영향력이 날로

커진다. 부와 빈곤이 대물림되고 있기 때문이다.

가난을 바라보는 시선도 달라졌다. 이제 가난은 실업이나 무능과 동의어이다. 경제학에서는 비자발적 실업과 자발적 실업을 구분하지만 공식 담론에서는 두 번째 실업이 더 자주 회자된다. 그이유와 그것의 기능 및 결과가 무엇인지 1장에서 알아보기로 한다.

복지 역시 후퇴했다. 과거의 중산층 세대는 월급을 받아서 세 아이를 키웠다. 월급만으로 아이들 치아 교정도 해주고 피아노 학원도 보내고 대학 등록금도 장만하고 대출금도 갚고 은퇴를 대비해적금도 들었지만 요즘엔 상상도 못 할 일이다. 때문에 돈을 벌려면방법은 한 가지뿐이다. 기업 마인드를 가져라! 하지만 창업이 과연생각만큼 큰 자유를 선사할까? 개인의 자주성과 책임을 외치는 이런 직업 윤리는 과연 어디서 온 것일까? 성공한 '우리'는 누구이며 '남들'은 누구인가? 이 질문은 2장에서 살펴보기로 한다.

1

실업은
개인의 실패

나는 상황 탓, 너는 네 탓

뿌린 대로 거둔다. 전통적 자본주의 이데올로기는 이렇게 약속
한다. 무언가 달성하려면 그에 상응하는 노력을 해야 한다. 이런
성과주의 원칙은 사회 모든 구성원이 자신이 '번 만큼' 경제적 지
분을 가져간다고 속삭인다. 따라서 실업을 둘러싼 공식 논의 역시
점점 더 도덕적 가치의 시험대가 되어간다.

기존의 이미지대로라면 실업자는 직업 경쟁에서 밀려난 사람
이 아니라 애당초 이 경쟁에 뛰어들 마음이 없는 사람이다. 성과
를 향한 의지가 없어 노동을 거부하고서 '사회적 해먹'에 누워 뒹

구는 인간들이다. 이런 현대의 서사를 그대로 믿는다면 실업자 다수는 아예 직장을 구하려는 마음조차 없다. 힘들여 일할 필요 없이 사회의 비용에 기대어 편히 살려는 사람들이니까 말이다. 그런 식의 이미지는 상대적으로 쉽게 도덕적 분노를 불러올 수 있다. 실업자는 집단적 멸시의 대상이 된다.

물론 모두가 똑같이 그런 희생양식 사고에 동의하는 것은 아니다. 사회학자 빌헬름 하이트마이어(Wilhelm Heitmeyer)는 '집단과 관련된 인간 혐오'에 대해 장기간 연구를 진행해, 사회적 지위가 낮을수록 장기 실업자에 대한 분노가 꾸준히 높아진다는 사실을 확인하였다. 얼른 보기엔 좀 놀라운 결과이다. 사회적 지위가 낮으면 교육받을 기회가 적어 전문 지식을 쌓기 힘들 것이고, 그럼 당연히 실업할 위험성도 높다. 따라서 이들이야말로 실업자의 곤란한 처지를 누구보다 잘 이해할 것이다. 실업이 개인의 책임만은 아니라는 사실을 누구보다 잘 알 것이다. 그런데도 오히려 이들이 더 실업자의 부정적인 태도를 탓하며, 자신은 그들과 다르다고 말하고 싶어 하는 것 같다. 실제로 많은 실업자들이 자신은 다른 실업자들과 다르다고 생각한다. 자신은 상황 탓에 일자리를 잃었지만 남들은 자기 잘못으로 그렇게 된 것이라며 자신과 남들을 구분한다. 동일시하지 않음으로써 자신의 사회적 정체성을 지킬 수 있다고 믿는 것이다. 하지만 이렇게 되면 집단을 꾸릴 여지가 없어질 것이므로 실업자 조직을 만들어 사회정치적 영향력을 행사할 기회도 자동적으로 사라지고 만다.

지원이 아닌 처벌을 한다

경제 성장에 기여하지 못하는 사회적 약자에게 쏟아지는 독선적 시선은 사회 통합에도 지대한 영향을 미친다. 그런 시선이 불평등 이데올로기를 자극하여 약자들에게서 특정 권리를 박탈해버릴 수 있기 때문이다. 가시적 성과와 경쟁을 지향하는 사회에서 임금 노동을 통해 사회의 생산성에 기여하지 못하는 사람들은 그저 방해 요소일 뿐이다. 이런 가파른 도덕적 경계선은 탈연대를 불러온다. 연대와 품위, 공감의 자리는 경제적 이해타산으로 넘어간다. 사회적으로 가치가 없다고 생각되는 집단에게선 권리를 빼앗기도 어렵지 않다. 실업자가 일할 마음이라고는 없는 이 사회의 게으른 기생충이라면 사회의 돈으로 그들을 지원할 이유도 없을 것이다.

그런데 2018년 오스트리아 디지털경제부는 그런 식의 정치적 '조치'를 내렸다. 실업자들에게 열악한 직장과 근로 조건도 받아들이라고 요구한 것이다. 정규 노동 시간은 1일 12시간까지, 출퇴근 소요 시간은 왕복 2시간 30분까지 받아들여야 한다고 말이다. 만일 그러지 않을 경우 벌로 실업 급여를 박탈할 수 있도록 했다. 일을 그렇게 오래 하고 출퇴근에 그렇게 많은 시간이 든다면 여가와 사회생활을 할 수 있는 시간은 전혀 없을 것이다. 그러나 디지털경제부 장관은 친구는 온라인으로 만나면 되니 전혀 문제가 안 된다고 말했다. 육아와 장보기, 세탁 등의 가사 노동을 디지털로 대체할 수 없음은 말할 필요도 없다. 그런 이유가 아니더라도 이런 시니컬한 발언은 한쪽에게만 일방적으로 책임을 전가하려는 독선적 시선을 여실히 입증한다.

공식적으로는 이 노선이 많은 사람들의 자발성을 독려했다는 주장이다. 하지만 실제로는 실업자에게 일할 의욕이 없고 게으르다는 누명을 씌워 처벌한 것과 다름없다. 그런 식으로 요구가 늘어나면 압박이 거세져서 임금이 낮아도 아무 직장이나 들어갈 수밖에 없다. 따라서 불안정한 일자리와 저임금 일자리가 늘어날 것이고, 그건 결국 인건비를 절감할 수 있는 기업에만 좋은 일이다. 또 이런 조건을 받아들이지 않는 사람은 실업이 자기 탓이니 비난을 받아도 할 말이 없다. 실업자, 주변 환경, 사회 발전 모두에 손해가 되는 상황인 것이다. 그런데도 하루 최대 12시간의 노동을 허용한 오스트리아 새 노동시간법은 결국 2018년 7월에 가결되었다.

실업을 개인화한 결과

실업을 둘러싼 논쟁에선 무엇보다 자발성과 비자발성의 구분이 모호하다는 점이 두드러진다. 당연히 자발적으로 일을 하지 않는 사람들이 있다. 일할 의욕이 없거나 잠시 쉬고 싶어서 실업 상태에 있는 사람들이다. 하지만 그런 주관적 동기 이외에도 수많은 이유들이 있을 수 있다. 실업에는 수많은 요인이 뒤엉켜서 서로를 강화해 영향을 미친다. 대표적인 요인을 꼽아보면 경제 위기, 기술 발전과 자동화(컴퓨터, 기계, 로봇이 저렴한 비용으로 인간의 노동력을 대체한다), '저임금 국가'로의 일자리 이전, 부족한 사회 지원, 개인의 불행, 출신(가난한 가정에서 태어나 교육을 많이 받지 못하면 실업의 위험성이 높다), 차별(노인, 여성, 장애인, 외국인 노동자, 전과자, 장기 실업자에 대한 사회적 편견이 존재한다), 치열해진 일자리 경쟁(가령 오스트리아와 헝가리의 국경 지역에서 네일숍을 운영하는 오스트리아 여성은 헝가리의 서비스 가격이 더 저렴하기 때문에 고객을 빼앗길 위험성이 높다), 교육받을 기회 부족 등이 있을 것이다.

설사 의욕이 없고 타협의 의지가 부족해서 실업 상태인 사람이 있다고 해도 대체 어떻게 해서 그렇게 되었는지 원인을 정확히 파악하는 것이 정치와 사회가 해야 할 일이다. 가령 오스트리아 국경 지역에서 저임금 노동자를 고용해 공장을 운영하는 공장주들은 자국 노동자보다 이웃 나라의 노동자들을 더 부지런하고 더 의욕적이라고 칭찬한다.[39] 사실 이런 평가는 어쩌면 당연하다. 공장의 단순 노동은 대부분 아무리 열심히 일해도 승진하여 임금이 올라갈 전망도 없고 하루 종일 일해도 입에 풀칠할 정도의 임금밖에 못 받는데 그런 일자리를 매력적으로 느낄 사람이 몇이나 되겠는가? 하지만 국경 너머에서 온 외국인 노동자들은 그것이 돈을 벌 수 있는 유일한 기회이다. 그리고 그 정도 임금이면 자기 나라에서는 상당히 큰 벌이이다. 당연히 의욕이 샘솟고 부지런히 일하지 않겠는가.

또 실업 보험의 혜택이 너무 좋아서 일부러 일을 안 한다는 주장도 있다. 실업 급여를 받아서 편히 놀고먹으려고 일부러 일을 안 한다는 것이다. 그렇게 되면 사회적 안전장치는 게으름뱅이들이 편히 쉬는 '사회적 해먹'이 된다. 하지만 이건 하나만 알고 둘은 모르는 짧은 생각이다. 실업 급여는 금액이 그렇게 많지도 않거니와 한시적 기간 동안만 받을 수 있다.

전체적으로 볼 때 우리 사회의 여론은 실업자들에게 멸시를 보내고 손가락질을 해댄다. 따라서 일자리를 잃으면 돈과 직장만 잃는 게 아니라 자존감과 인정도 사라진다. 자신이 사회에 해로운 존재, 일하는 사람들의 돈을 뜯어먹고 사는 기생충, 아무짝에도 쓸모가 없는 무용지물, 이 사회의 일원이 아닌 이방인이라는 느낌을 계속 받게 된다. 이런 현실은 젊은 사람들에게 특히 나쁜 영향을 미친다. 일자리를 구하지 못해 활동하지 못하고 사회적 인정을 받지 못하면 실망을 넘어 심리적 문제로까지 발전할 수 있다. 또 미래에 대한 전망도 불투명하고 정치 제도에 대한 신뢰도 잃게 된다. 앞이 보이지 않는다는 막막한 심정은 사회 결속에도 해롭다. 그런 젊은이들이 극단주의 이념이나 사이비 종교에 빠지기가 쉽기 때문이다. 또 사회나 정치를 향한 관심도 급격히 줄어든다. 실제로 일하는 사람들보다 일하지 않는 사람이 투표를 하지 않는 비율이 더 높다고 한다.

상징적 폭력과 낙인

실업자를 향한 비난과 손가락질은 정치 담론에 그치지 않는다. 언론도 앞장서 부정적인 실업자 이미지를 양산한다. 언론에 비친 실업자는 하나같이 뚱뚱하고 비위생적이며 몸을 잘 가꾸지도 않고 게을러터졌으며 인스턴트만 먹고 운동도 안 하고 하루 종일 TV만 보면서 아이들을 방치한다.

대표적으로 한 가지 사례를 들어보자. 독일 RTL 방송국의 리얼리티 다큐 시리즈 〈위기의 가족(Familien im Brennpunkt)〉 중 '불만에 찬 엄마는 극히 공격적이다' 편에서는 실업자에 쇼핑 중독인 엄마가 아이들을 방치하고 남편을 구타하는 모습이 방송되었다. 물론 등장인물과 스토리는 모두 작가의 머리에서 나왔지만 리얼리티를 표방하는 프로그램인 만큼 시청자 입장에서는 현실로 착각하기가 쉽다. 시작부터 실업 급여를 받는 엄마가 목욕 가운을 입은 채 소파에 누워 TV를 보고 있다. 우걱우걱 감자 칩을 집어 먹으면서 말이다. 두 아이가 엄마에게 다가와 말한다. "엄마 배고파." "뭐?" 엄마가 감자 칩이 가득 든 입을 우물거리며 되묻는다. "그럼 맥도날드 가서 뭐든 사 먹으면 되잖아. 저리 비켜. 안 보여." 모든 리얼리티 프로그램이 이런 클리셰의 연출로 가득하다. 실업자는 게으르고, 많이 배운 사람은 안경을 쓰며, 범죄를 저지른 사람은 이주민이다.

사회학자 피에르 부르디외(Pierre Bourdieu)는 이와 관련해 '상징적 폭력'이라는 말을 썼다. 상징적 폭력이란 일상에서 일어나며 '건강한 인간 이성'에게는 당연하게 보이는 권력과 지배의 현상을 말한다. 현대 사회의 특징은 권력과 지배 상황이 더 이상 물리적 폭력을 통해 드러나지 않는다는 점이다. 상징적 폭력은 조용하고 잠재의식적이기에 당하는 사람이 폭력이라고 느끼지 못한다. 하지만 폭력이다. 멸시의 연출 방식을 통해 상징적 차원에서 빈곤이 고착되기 때문이다. 실업자라는 말을 들으면 모두가 바로 '게으르다'는 스테레오타입을 떠올리게 되고 이런 낙인은 일자리를 얻을 기회를 박탈한다. 따라서 상징적 폭력은 가치의 발전과 그것의 일상적 실현에 일조한다. 부르디외는 우리가 사용하는 언어 역시 권력 상황에 좌우된다고 주장한다. 언어는 꾸짖거나 칭찬을 해서 특정 집단의 위계적 위치를 정하는 길을 닦는다. '사회 기생충'이라는 말이 존재한다는 사실부터가 이미 일자리를 잃어 실업 급여를 받는 사람을 바라보는 시선에 영향을 주는 것이다.

이런 영향력은 결코 과소평가할 수 없다. 요즘엔 사회 계층이 다양하지 않다. 범주는 딱 둘뿐이다. '위에 있는 자'와 '아래에 있는 자', '성과를 내는 자'와 '성과를 거부하는 자', '위너'와 '루저', '쓸모 있는 자'와 '쓸모없는 자'. 이 사회적 경계선을 뛰어넘기란 불가능에 가깝고, 위로 올라가기가 날로 힘들어지고 있다. 일방적인 폄하는 사회 위계질서의 유지와 고착화에 기여하며 낮은 신분 집단의 차별을 정당화한다. 이런 편견과 라벨을 통해 장기 실업자나 일자리를 빼앗는 이민자들에게 낮은 위치를 강요한다. 동시에 낙인찍힌 '낮은' 신분으로 떨어질지 모른다는 두려움은 사회 중심에서 터져 나오는 연대적 행동을 방해한다. 연대 대신 구별의 욕망이 샘솟는다. 남들과 선을 그으면 그 남들이 되지 않을 수 있다는 듯이 말이다.

성과는 임금으로 증명하라

예전엔 실업 보험이 실직을 당할 경우를 대비한 경제적 보루였다면 지금은 다른 사람들 덕으로 일 안 하고 편히 먹고살려는 파렴치한 행동의 모델 같은 취급을 당한다. 특히 부은 금액보다 타는 금액이 많을 경우 그런 의심을 피할 수가 없다. 실업 급여란 것은 애당초 연대적 재분배의 원칙을 따른다. 그런데 안타깝게도 연대 원칙을 기반으로 탄생한 이런 사회 영역에 이르기까지 시장 논리가 밀고 들어와버렸다.

신자유주의가 인간을 판단하는 포괄적 기준이 되었다. 효율성, 활용 가능성, 작동 능력, 국가 경제에 미치는 가시적 유용성이 인간에게까지 잣대로 적용된다. 그 과정에서 집단의 책임이 개인에게 전가된다. 실업의 책임이 개인에게 있다면 관심의 초점은 노동 시장 정책이 아니라 개인의 자기 책임에 맞춰져야 한다. 무찔러 없애야 할 문제는 실업이 아니라 '실업자'가 된다. 사회학자 클라우스 되레(Klaus Dörre)는 이런 맥락에서 '하위 계급을 향한 이데올로기적 내전'[40]이라는 표현을 사용한다. 엘리트들이 위로부터의 계급투쟁을 연출하며 자신들이 피해자인 양 행동한다. 열심히 노력하여 많은 성과를 거두었지만 자신들의 희생을 발판으로 남들이 '편안하게' 먹고산다고 말이다. 실업자를 향한 멸시와 편견이 이렇게 널리 퍼지면 경제 성장과 사회 시스템 유지에 기여하는 사람들과 국가로부터 생활비를 지원받는 사람들 사이에 사회적 긴장이 생길 수밖에 없다. 특히 경제 위기가 닥치거나 개인적으로 힘든 시기를 맞이할 경우 이런 사고방식은 더욱 강화된다.

경제 원칙이 우선시되고 성과가 임금 노동과 동일시될 경우 특정 사회 집단은 더 큰 어려움을 겪게 된다. 가령 50세 이상의 고령 노동 인력은 비용을 이유로 쉽게 해고를 당하고, '유연성이 부족하다'는 이미지 탓에 찾는 곳이 없기 때문에 다른 직장에서도 맞춤 일자리를 구하지 못한다. 그러면 훨씬 열악한 조건을 감수할 수밖에 없다. 장애인과 가사 노동, 육아, 간병 같은 무급 돌봄 노동에 종사하는 사람들 역시 유용성 물신주의의 제물이 된다. 특히 여성들이 이에 해당한다. 이런 돌봄 노동이야말로 국민 경제를 지탱하는 기틀이지만 돈을 받지 못하기 때문에 경제적으로도 사회적으로도 인정을 못 받는다. 그래서 평생 가정과 가족을 위해 헌신한 여성들이 늙어 빈곤의 늪에 빠지는 경우가 드물지 않다. 수입이 곧 성과를 의미하기 때문이다. 성과를 내려는 의지가 아무리 불타올라도 임금 노동을 하지 않으면, 즉 돈을 벌지 않으면 인정을 받지 못한다.

차별과 구분은 민주주의 사회의 안정과 결속을 해친다. 구분과 멸시가 우선시되면 사회적 불이익은 정치적 참여가 아닌 도덕적 분노를 낳을 뿐이다. 언제 추락할지 모른다는 중산층의 두려움, 자기 특권을 절대 버리지 않으려는 욕심, 정치, 언론, 경제의 편 가르기식 언어는 유용한 자와 유용하지 않은 자, 돈을 버는 사람과 실직을 해서 실업 급여를 받는 사람 간의 사회적 위계질서를 강화한다. 그런데 재미있게도 부모에게 한 재산 물려받은 잘사는 사람들에겐 이런 산법을 강요하지 않는다. 상속세와 증여세를 높여 공정성을 높이자는 목소리는 파묻혀 잘 들리지 않는다. 유산은 아무 성과도 없이 물려받는 재산이다. 그것이 사회적 위계질서를 형성하고 불평등을 심화한다. 경제학자 토마 피케티(Thomas Piketty)는 소위 성과만으로 사회적 격차를 정당화하는 것은 극단적 능력주의의 정당화 장치라고 부른다.[41] 그러니 한마디로 요약하면, 이제 시선을 위로 돌려 자산가들의 잠재적 문제를 살필 필요가 있다.

2

기업가 정신의
독재

리스크를 짊어진 자영업자들

창업이 화두로 떠오른 지는 꽤 되었다. 노동 시장의 대안을 둘러싼 논의에서도, 비즈니스 교육 오락 프로그램에서도, 심지어 순수 오락 프로그램에서도 창업이 유행이다. 오스트리아 TV에도 〈2분 2백만〉처럼 젊은 기업가가 투자자들을 앞에 두고 제품 아이디어를 설명하는 프로그램이 있고, 〈이윤〉처럼 사업가가 망해가는 기업에 돈을 투자하는 프로그램도 있다. 창업자와 '메이커'(Maker, 디지털 기기와 다양한 도구를 사용한 창의적인 만들기 활동을 통해 자신의 아이디어를 실현하는 사람—옮긴이)가 만나는 스타트업 페스티벌은 창조적 분위기를 조성하여 서로가 교류하며 공동의 프로젝트를 개발할 수 있게 돕는다. 참가비는 평균 600유로(한화 약 80만 원—옮긴이)에서 시작한다. 비즈니스 플랫폼은 젊은 기업가와 투자자, 즉 혁신과 자본을 맺어준다. 국가 역시 창업의 조건을 개선하고 사업 아이디어와 책임감을 일깨우기 위한 이미지 홍보에 열을 올린다. 성과 원칙이 부각되고 각종 창업 프로그램이 생겨난다. 이 모든 현상의 바탕에는 자기 주도력 강화가 고용을 창조할 수 있다는 믿음이 깔려 있다.

물론 새로운 기업은 경제 활력의 필수 요소이며 혁신의 주인공으로서 일자리를 창출한다. 따라서 경제의 지속적 성장과 발전을 위해서는 창업자 정신과 청년 기업 및 스타트업 지원이 꼭 필요할 것이다. 하지만 부작용도 만만치 않다. 이런 추세로 인해 책임이 노동 시장 정책에서 개인에게 전가되기 때문이다. 노동자보호법 그 자체가 약화되지는 않았지만 효력 범위가 줄어들고 적용 분야도 수많은 다른 가능성들로 쪼개진다. 사업 리스크나 수입 리스크 등 과거 고용주가 짊어지던 리스크가 이제는 소규모 자영업자 개인에게로 넘어가게 된 것이다.

그럼에도 수많은 사람들이 열정을 품고 기꺼이 기업가의 리스크를 감수한다. 피고용자가 되어 남의 회사를 위해 일하는 것보다는 자기 회사를 차려 기업가 정신을 발휘하는 쪽이 훨씬 더 매력적이고 경제적 전망도 더 밝아 보이기 때문이다. 언젠가 넓은 사무실의 편안한 의자에 기대앉아 직원들에게 일을 시키거나 기업

가치를 키워 기업을 판 후 그 돈으로 여생을 편안하게 살 수 있을 것이다. 그때까지 스스로 고용주가 되어 자신의 아이디어와 재능을 마음껏 실현할 수 있다. 시간도 마음대로 쓸 수 있다. 하루 16시간을 원하는 대로 쓸 수 있다. 게다가 언제라도 진한 에스프레소를 마실 수 있는 공유 업무 공간 코워킹 스페이스(coworking space)가 창업의 출발을 도와주고 있다.

하지만 같은 창업이라도 모든 사회 집단의 동기가 자기실현인 것은 아니다. 사회학 연구 결과를 보면 이주민 자영업자의 창업 동기는 —특히 소매업이나 식당 같은 이윤이 적은 부문의 경우— '빈곤의 경제학'에서 나온 경우가 많다. 주민들이 노동 시장에서 구조적 불이익을 당하기 때문에 어쩔 수 없이 자영업으로 내몰리는 것이다. 그것이 돈을 벌 수 있는 유일한 가능성이다.

노력만으로 성공할 수 있을까

사회학자 지그하르트 네켈(Sighard Neckel)도 말했듯 현대 사회는 '성공'을 '끝까지 이루어내고야 마는 투지'로 해석하며, 이 투지는 권력, 돈, 타이틀, 명성 같은 지표를 통해 읽을 수 있다고 생각한다.[42] 그러나 성공한 사람이 가장 훌륭한 인간이라는 생각은 허구이다. 성과 원칙은 사회적 지위를 판단하는 기준으로 통하지만 그것만으로는 결코 성공을 거둘 수 없다. 만인의 성공 확률이 똑같지가 않기 때문이다. 외모가 출중하고 든든한 경제적 배경이 있으면 창업을 해서 기업을 성공적으로 이끌기가 훨씬 수월하다. 부모에게서 물려받은 인맥도 큰 도움이 될 것이다. 기업 규모가 클 경우 일단 자본금을 넉넉하게 확보해야 하고 위험도 감수해야 한다. 그러니 아무래도 주머니가 두둑하면 위험성이 좀 높아도 도전을 할 수 있다. 또 사회적 네트워크도 많이 필요할 텐데 유명 인사들이 즐비한 '상류 사회'를 어려서부터 들락거렸다면 인맥 걱정을 할 필요가 없다. 그리고 무엇보다 운도 따라야 한다.

그런데도 창업을 하면 누구에게나 똑같은 기회가 돌아간다는 환상이 널리 퍼져 있다. 모든 기업가의 성공 기회는 동등하며, '메이커'와 '자수성가형 백만장자'에게 물질적 조건 따위는 중요하지 않다고 외친다. 이런 환상이 —경쟁의식과 짝을 지어— 연대의 길을 가로막는다. '맘프러너(Mompreneur)'〔맘(mom, 엄마)과 안트러프러너(entrepreneur, 기업가)의 합성어 —옮긴이〕가 대표적인 사례이다. 이 신조어는 어머니 역할과 온라인 여성 기업가 역할을 균형 있게 유지하기 위해 적극 노력하는 여성을 뜻한다. 거실에서 블로그를 해서 직접 만든 이유식이나 쿠키를 팔고, 파티 플래닝이나 온라인 상담 같은 서비스를 제공한다. 이는 가사 노동과 임금 노동의 잠재적 갈등을 줄이기 위한 전략이다. 따라서 이윤과 성과를 목적으로 이득이 날 만한 사업을 찾는 일반적인 기업 이미지와는 크게 차이가 난다. 창업이 모두에게 똑같이 더 많은 자율을 보장하지는 않는 것이다. 또 이것만 보아도 성장과 성공이라는 콘셉트가 전통적인 남성적 가치에 기반을 두고 있다는 사실을 알 수 있다.

자아실현을 위해 노력하면 경제적 성공은 자연히 따라온다. 모두가 그렇게 생각하고 믿는다. 하지만 흙수저보다 금수저의 패가 당연히 더 좋다. 요즘 같은 세상에서 맨손으로 큰 재산을 일구기는 거의 불가능하다. 재산은 관대한 조세법과 상속 및 증여를 통해 유지되고 이전된다. 또 재산과 더불어 물려받은 인맥과 문화적 행동 방식이 상속받은 재산을 잘 관리하여 더 키울 수 있도록 옆에서 적극 돕는다. 지금 우리의 믿음이 맞는다면 자신이 노력해서 얻은 성공과 재산이 더 큰 만족과 기쁨을 안겨주어야 한다. 하지만 여기서만은 성과의 원칙이 잠시 휴식을 취하는 것 같다. 힘들여 일하지 않고도 돈이 많은 상속자들이 훨씬 더 성공한 사람처럼 보이니 말이다. 그러니까 존경과 감탄의 진짜 대상은 노력이나 성과가 아니라 노력으로 얻을 수 있을 것 같은 돈과 권력인 것이다.

창업하면 자유로울 거라는 환상

창업의 계기로 흔히 자율성과 자기결정권, 독립성, 자신만의 프로젝트와 비전, 자기 책임을 꼽는다. 한마디로 더 많은 자유를 바란다는 얘기다. 실제로 자유가 바람으로 그치지 않고 현실이 되는 경우도 많다. 가령 휴가를 가고 싶으면 상사한테 허락받지 않아도 마음대로 갈 수 있다. 하지만 (정규직 되기가 하늘의 별 따기인 현실을 굳이 들먹이지 않더라도) 정규직의 안정을 '속박'으로 해석하는 것은 잘 납득이 되지 않는다. 해변에 가보면 부자가 된 자영업자보다는 유급 휴가를 받은 직장인이 훨씬 더 많다. 통계 수치로 보아도 자영업자의 상황이 직장인보다 결코 더 낫지 않다. 주당 80시간을 일하고도 평균 직장인보다 못 버는 자영업자들이 수두룩하다. 게다가 창업자의 3분의 1 이상이 성과를 내지 못한다. 3년 안에 문을 닫는 회사가 3분의 1이 넘는다. 창업을 통해 부자가 될 수 있다는 말은 맞지만 그럴 가능성은 복권 당첨 확률 못지않게 낮다.

특히 위기 상황에선 직장인의 장점이 두드러진다. 회사가 문을 닫아도 직원들은 실업 급여를 받을 수 있다. 하지만 경쟁에서 밀려 도산한 기업가는 전 재산은 아니더라도 많은 재산을 날릴 수밖에 없다. 또 창업자가 주로 하는 일은 자산 관리와 자금 조달이다. 특히 창업 초기에는 대출금 이자도 내야 하고 직원들 월급도 줘야 하고 불안한 투자자들을 달래야 한다. 또 고객을 확보하기 위해 엄청난 시간을 투자해야 한다. 사전에 일정 정도 인맥을 형성해두지 못했다면 고객이 확보되어 수익이 생길 때까지 몇 년이 걸릴 수도 있다. 거기에 사업장도 직접 알아봐야 하고 위험 부담도 감수해야 하고 작업 방식도 직접 만들어야 한다. 이 모든 일들을 더 많은 자유라고 생각할 수 있는 사람이 과연 몇이나 될까? 스스로 결정할 수 있는 권리는 사실상 모든 것을 혼자 결정해야 하는 의무가 아닐까?

스타트업, 새로운 형태의 노동 착취?

고용주에게 착취당하는 것이 싫어 회사를 박차고 나온 바로 그 사람들이 재미있게도 자기 직원들을 착취하는 데에는 망설임이 없다. 스타트업 세상이 직장인의 낙원인 양 사방에서 떠들어대지만 그런 이미지가 허울뿐이라는 사실은 무대 뒤를 살짝만 들여다보아도 금방 알 수 있다. 짬짬이 즐기는 테이블 축구와 매일 먹을 수 있는 신선한 과일이 좋기는 하겠지만 일부에서 일어나고 있는 노동 착취를 가릴 수는 없다. 자기 노트북을 들고 세상에서 제일 정신없는 곳에 앉아서 초고속으로 쌓여가는 일거리를 지칠 때까지 처리하고 또 처리한다.

스타트업 현장에선 불안한 일자리가 일상이고 승진의 기회는 적으며 경쟁은 치열하다. 직원을 관리하는 인사부도 없고 직원 협의회도, 디지털 노동자 노동조합도 없다. 게다가 하는 일도 기존 기업의 업무와 크게 다르지 않다. 기존 업무보다 특별히 창의적이거나 혁신적이지 않다. 그러니 이미지로 반은 먹고 들어간다는 소리인데, 특히 대학을 졸업하고 조금 더 학생처럼 느긋하게 살고 싶은 젊은이들이 그 이미지에 혹하기 쉽다. 평등한 관계에서 또래 친구들과 어울려 일하고, 일하는 틈틈이 공도 차고 저녁이면 맥주 한잔하러 간다! 매력적이지 않은가?

프랑스 여성 마틸드 라마디에(Mathilde Ramadier)도 그랬다. 스물세 살에 베를린의 한 스타트업 회사에 취직할 때는 마틸드 역시 그런 꿈에 부풀었다. 그녀는 스타트업 회사 열두 군데를 전전했다. 그리고 『신세계에 오신 것을 환영합니다: 스타트업의 쿨함을 견디고 살아남은 방법(Bienvenue dans le nouveau monde: Comment j'ai survécu à la coolitude des start-ups)』이라는 책을 써서 자신의 경험담을 담고 그 세계를 에워싼 화려한 이미지의 허상을 까발렸다. 마틸드는 가족 같은 직장, 공사 구별이 안 되는 분위기의 이면을 강조했다. 직장 동료와 친구가 되어 축구를 하고 밥을 나눠 먹으면 무급 야근을 요구받아도 거절하기가 어려워진다. 낮은 급여(많은 동료들이 월세를 내지 못할 정도로 돈을 적게 받는다)는 말할 것도 없고, 직함만 그럴싸할 뿐 일의 수준이 직원 교육 수준에 훨씬 못 미친다. 마틸드 역시 한때 '컨트리 매니저 프랑스(Country Manager France)'라는 그럴싸한 직위에 고용되었지만 한 일이라고는 3주 동안 엑셀 도표에 자료를 두드려 넣은 것뿐이었다. 물론 마틸드의 경우 그 따분하고 수준 낮은 노동이 유익한 점도 있었다. 덕분에 일하며 책을 써서 작가로 자리 잡을 수 있었으니 말이다.

업무와 사생활의 경계가 무너지다

자영업자는 회사를 직접 꾸려나가야 하기 때문에 공적 영역과 사적 영역의 경계가 흐려지기 쉽다. 직장과 사생활의 경계가 모호하다 못해 허물어지기 십상이라 '퇴근'이나 '주말' 같은 업무–휴식 간 명확한 구분이 불가능해진다. 사실상 사생활이 일을 위한 도구가 된다는, 즉 일을 위해 사생활을 희생한다는 말이 더 맞을 것이다. 휴가도 집도 일을 하는 시간과 장소가 되어버린다. 일이 끝나도 사업상 필요한 인맥을 구축하기 위해 행사에 참석한다. 행사가 아무리 가족 같은 분위기라고 해도 일은 일이다. 하긴 꼭 자영업자가 아니더라도 요즘 사람들에겐 노동 시간의 범주가 모호하기 그지없다. 출근할 때 입을 정장을 구입하러 백화점에 간다면 그게 사적으로 쓴 시간일까, 일하는 시간일까? 거실에서 마케팅 자료를 읽거나 정원에서 이메일을 쓰면 여가일까, 일일까?

이런 형태의 탈경계화는 자영업자에게만 해당하는 사항이 아니다. 기업에 고용된 사람들 역시 점점 더 많은 시간을 강요당한다. 상사가 부르면 언제든지 달려가야 한다. 특히 현대의 소통 도구는 일과 노동의 탈경계화에 지대한 기여를 한다. 그렇다고는 해도 자영업자는 피고용인들보다 훨씬 더 공사 구분이 힘들다. 그리고 이렇게 공사의 구분이 모호하면 몸은 물론이고 마음도 고달파진다. 하루 종일 머리에서 일 생각이 떠나지 않고, 실패할지 모른다는 불안과 압박감은 스트레스와 일중독, 우울, 탈진 등으로 나타난다. 꿈꾸던 자유와 해방은 아무리 해도 잡을 수 없는 것이 되고 만다.

이런 새로운 상황에서 우리 각자는 일과 사생활을 명확히 경계 짓기 위해 스스로 적극 노력해야만 한다. 그러나 바로 이 지점이 또 다른 압박 요인으로 작용한다. 개인이 알아서 공사 구분을 위해 노력해야 한다면 성공 여부도 결국에는 자기 관리에 달려 있을 테니 말이다. 사실 자기 관리란 말처럼 쉬운 게 아니다. 이런 맥락에서 '경계 관리'의 개념은 완전히 새로운 의미를 얻게 된다. 국가의 영역에서 개인의 공간으로 이동하게 되는 것이다.

기업가 정신으로 무장한 자아

사회학자 울리히 브뢰클링(Ulrich Brökling)에 따르면 지금 우리 사회에서는 기업의 원칙이 생활 영역으로까지 파급되고 있다.[43] '기업가 정신으로 무장하라!'가 현대의 정언 명령이 되었다. 인간은 시장 원리에 따라 움직이는 경제 주체이다. 따라서 주체적으로 노동 시장에 참여할 뿐 아니라 다른 영역에서도 잠재력과 창조 정신을 펼쳐야 하고 어디서나 가장 효율적으로 행동해야 한다. 개인은 자신을 잘 관리하고 갈고 닦아야 하며 자발적으로 '스킬'을 연마하고 지속적으로 자신을 최적화해야 한다. 평생 학습, 끝없는 정진이다.

이런 자기 관리와 평생 학습이 발전함에 따라 공식 조직인 국가는 후퇴한다. 기댈 곳이 없어진 개인은 쉬지 않고 자신을 변화시키고 계발해야 한다. 그러지 않으면 시장 메커니즘에 따라 움직이는 이 사회 질서에서 언제 탈락할지 모른다. 개인은 그냥 존재하기만 해서는 안 된다. 생산적이어서 뭔가 결과물을 내보여야 한다. 무엇보다 스스로를 상표로 만들어 최대한 비싼 값에 팔아야 한다. 동기와 자기 착취의 경계는 모호해지다 못해 정체성 상실에 이르기도 한다.

이런 형태의 자기 관리를 통해 역설처럼 보이는 현상이 발생한다. 자기 관리는 자신을 가꾸고 능력을 배양하며 이런 의미에서 자유롭다는 뜻이기도 하기 때문이다. 사회학자 주자네 크라스만(Susanne Krasmann)은 이렇게 말한다.

개인들은 자신에게 내맡겨져서 자신에게 부과된 바로 그 일을 할 자유가 있다. 자신에게로 내던져져서 삶을 자신만이 책임지는 것으로 만들 자유가 있는 것이다.[44]

이런 이상은 동시에 참상이다. 모두가 마땅히 되어야 하는 것은 모두에게 위협적인 것이기도 하다. 그리하여 몇 세대에 걸친 투쟁으로 겨우 얻어낸 피고용자의 권리가 이제 사회 곳곳에서 나쁜 것인 양 그려진다.

특히 젊고 창의적인 기술 분야에서 그런 현상이 두드러진다. 진정한 자아실현은 창업을 해야만 가능하다는 것이 그들의 신조이다. 직장은 정해진 시간에 정해진 규정대로 일하는 '사무실'이 아니라 현실 혹은 가상의 '오피스'이다. 영어 이름만으로도 글로벌하고 다이내믹하며 모던한 인상을 풍기는 그런 '오피스' 말이다. 그곳에서 더 많은 시간 동안 더 적은 돈을 받으며 일하지만 대신 자유의 왕국을 체감할 수 있다. 번아웃에 걸릴 자유를 경험할 수 있다. 물론 시간은 훨씬 유연하게 쓸 수 있다. 저녁에 집에서 일을 처리하고 다음 날 아침 늦잠을 자도 되며 주말에 미친 듯 일하고 이틀 동안 여행을 다녀올 수도 있다. 그러나 직장과 사생활의 무경계가 좋은 것만은 아니어서 자칫 무거운 부담으로 작용할 수 있다. 자기 주도의 원칙은 해방의 망상이 된다. 적절한 경제적 보상이 돌아올 가능성도 상대적으로 낮다. 돈이 아니라 상큼한 자유의 기분을 느끼기 위해 노동력을 파는 사람들이 적지 않다. 그리고 그들 다수는 '9 to 5'의 회색 무리를 딱하다는 시선으로 내려다본다. 나 같으면 절대 자유를 포기하고 그 무리에 끼지 않겠다고 생각한다. 그러나 그들은 퇴근해서 회사를 나오는 순간 적어도 업무용 휴대전화는 끌 수 있다.

5

범죄

큰 도둑은 놓아주고
좀도둑만 잡는다

— 독일 속담

대중 매체에서 범죄를 다루는 방식은 범죄에 대한 우리의 생각에 큰 영향을 미친다. 그런데 안타깝게도 진짜 현실을 반영하지 않을 때가 많다. 관심의 초점은 주로 폭력 범죄에 맞춰지고, 이주민과 빈곤층이 범인일 경우 더욱 조명이 집중된다. 폭력의 전시 경향도 심해지고 있다. 스마트폰 영상으로 누구나 유튜브에 뜬 폭력 현장을 볼 수 있다. 그런 영상은 글자로 뉴스를 읽을 때와는 차원이 다른 심각한 불안감을 조장한다.

그러나 정작 국가에 지대한 손실을 입히는 경제 사범과 탈세 범죄는 뉴스 창에 오래 머물지 못한다. 비신사적인 행동 정도로 잠깐 다루고 지나갈 뿐이며 심지어 부러움의 대상이 되기도 한다. 범인들 역시 안전하다고 자신하기에 거리에서 구질구질한 짓을 저지르는 잔챙이 범죄자들을 한심하다는 눈으로 내려다본다. '상류 사회'의 범죄 행위가 어떤 사회적 손실을 야기하며 왜 언론은 이들을 문제시하지 않는지, 1장에서 살펴보기로 한다.

또 하나 우리 사회에서 벌어지는 이상한 현상이 있다. 범죄의 책임을 가해자가 아닌 피해자에게 전가하는 현상이다. 피해자가 범행을 도발했다고 비난을 받고, 피해자가 피하면 되었을 것을 왜 사

전에 미리미리 방지하지 않았느냐고 꾸중을 듣는다. 이것이 정의
로운 세상에 대한 믿음과 무슨 관련이 있고 언어 사용이 피해자와
가해자의 역전에 어떤 기여를 하는지, 2장에서 알아보기로 하자.

1

하류 계층의
범죄자들

법 앞에 만인은 불평등하다

'범죄'라는 말을 들으면 가장 먼저 어떤 것들이 떠오르는가? 부
정부패, 금융 사기, 회계 장부 조작, 돈세탁, 탈세, 횡령? 아마 그렇
지 않을 것이다. 범죄는 거리에서 살기 때문이다. 지배적인 정치
담론에 따르면 범죄는 사회의 지하에서, 빈곤의 환경에서 탄생한
다. 보통 해체된 가정, 빈민가, 학교 중퇴, 좌절, 심리적 문제가 범
인을 범죄의 나락으로 떨어뜨리는 원인이다. 미국 사회학자 에드
윈 서덜랜드(Edwin Sutherland)가 80년 전에 한 말이다.[45]

하지만 살인, 도둑, 강도 같은 폭력 범죄가 진짜 범죄라는 전반

적인 인식은 우리 현실의 작은 부분만을 반영할 뿐이다. 범인들이 주로 하층 계급인 그런 구석의 현실 말이다. 주로 경제 부문에서 대규모로 일어나는 상류 계층의 범죄는 그 정도로 공론화되고 가시화되지 않는다. 따라서 서덜랜드는 대규모 학술 연구를 통해 이런 사정을 바꾸자고 요구했다.

80년이 흐른 지금, 상황은 오히려 그때보다 악화되었다. 누가 봐도 범죄는 범인의 계층에 따라 다른 취급을 받는다. 범인이 누구냐에 따라 언론의 보도 방식이 달라지고, 그것은 다시 그 범죄를 인식하는 여론에 영향을 미친다. 거리 범죄는 잊을 만하면 뉴스에 등장한다. 그런 범죄가 황색 언론의 일용할 양식이요, 부수를 늘리기 위한 자극적인 양념이기 때문이다. 극단적으로 표현하면 지갑을 훔친 사람은 범죄자이지만 상류층의 경제 사범은 '특수 상황'에서 벌어진 스캔들일 뿐이다. 비슷한 범죄를 저질러도 범인이 어느 사회 계층에 속하느냐에 따라서 도덕적 평가와 형량이 달라진다. 대표적인 두 가지 사례를 들어보겠다.

2018년 4월 미국 대통령 도널드 트럼프가 루이스 '스쿠터' 리비를 사면했다. 당시 부통령 체니의 비서실장이던 그는 CIA 비밀 요원이었는데 기밀을 누설했고 FBI의 신문 과정에서 거짓말을 하여 위증과 사법방해죄로 유죄를 선고받았다. 그런데 특이한 것은 이번이 벌써 두 번째 사면이라는 사실이다. 2007년에는 당시 대통령 조지 부시가 30개월 징역형을 면제해주었다.[46] 두 대통령으로부터 사면을 받았다는 것부터가 이례적이었다. 백악관의 공식 사면

이유는 이러했다. 리비가 형을 받기 전 10년 넘게 국가를 위해 봉사했고 형을 받은 후 품행이 단정했으며 동료와 부하 직원들에게서 칭송을 받았다는 것.[47]

그러나 웹 사이트 위키리크스를 창립한 줄리언 어산지, NSA의 기밀 자료를 폭로한 에드워드 스노든, 미국의 전쟁 범죄를 폭로한 브래들리 매닝 일병처럼 사회 계층 사다리를 몇 계단만 내려가도 사정은 완전히 달라진다. 이 내부 고발자들 중 둘은 망명하였고 한 사람은(그사이 성전환을 하고 첼시 매닝으로 개명했다) 교도소에 수감 중이다. 이들의 경우엔 '카드로 만든 집'의 후광이 보호해주지 않는다. 따라서 그들이 저지른 짓은 군에 복무하는 '우리' 젊은이들의 안전을 위협하는 범죄이고 배신이며 반역이다. 국가의 이익이 달려 있기에 단순 범죄로 그치지 않고 '비열하기 그지없는' 범죄로 취급된다. 이들은 나라를 배반한 역적이다.

또 한 가지 사례가 있다. 2012년 12월 펀드매니저 볼프강 플뢰틀(Wolfgang Flöttl)이 2차 BAWAG(오스트리아 노동경제은행—옮긴이) 공판에서 무죄를 선고받았다. BAWAG가 10억 유로가 넘는 투자 손실로 노동조합의 스트라이크 펀드 대부분을 날렸고, 플뢰틀이 이 과정에 적극 가담했기 때문에 기소되었던 것이다. 그에게 돈을 맡겼던 BAWAG 이사진은 징역형을 선고받았다. 하지만 정작 투자자는 석방되었다. 돈의 소재가 완벽하게 해명되지 않았는데도 말이다. 볼프강 플뢰틀은 BAWAG의 예전 대표이사의 아들이며 미국 전 대통령 드와이트 아이젠하워의 사위이다.

반면에 오스트리아 생필품 할인 매장에서 3년 6개월 동안 일한 54세의 여성은 2018년 3월 도난 혐의로 고발당했다. 이유는 가게 문을 닫고 유통 기한이 지난 빵 자루를 버리다가 빵 두 개를 슬쩍 했다는 것이었다.

이 사례들만 보아도 딱딱하기로 소문이 난 형법도 부자 엘리트만 만나면 스르르 녹아 부드러워진다는 사실을 잘 알 수 있다. 체념과 비아냥이 섞인 속담처럼 이 사회는 큰 도둑은 놓아주고 좀도둑만 잡아들인다. 법 앞에 만인은 결코 평등하지 않다.

높으신 범죄자들과 피해 규모

'저 윗분들'인 대규모 경제 사범은 기업 활동에 필연적으로 수반되는 부분이라고들 생각한다. 사업을 하다 보면 그럴 수도 있는 것이니 잡히지만 않는다면 눈감고 넘어갈 수 있다. 또 저지르고 싶어도 아무나 저지를 수 없는 범죄이므로 지능적이고 스마트하다는 인상마저 풍긴다. 반면 자동차 도둑, 주거 침입, 사기는 도덕적으로 지탄받아 마땅한 범죄이다. 거액 투자 사기, 특정 경제 범죄는 신문 1면을 장식하는 대형 스캔들이지만 작고 소소한 범죄는 사방에서 우리의 일상을 노리는 위험이다. 그렇기에 우리 모두가 재계 수뇌부의 모략과 음모는 감탄의 표정으로 올려다보면서 도둑이나 사기꾼, 강도는 화를 내며 발로 짓밟는다.

정의감을 불러내려면 인격화된 피해자의 이미지가 필요한 것 같다. 피해자, 범죄 희생자라는 말은 개인적으로 특정할 수 있는 사람, 그러니까 강도를 당한 사람들을 일컫는다. 금융 스캔들과 금융 사기 사건에서는 피해를 호소하는 개인들이 없다. 대중이 도난 사건이나 사기 사건의 용의자에게 더 분노하며 관심을 쏟고, 자기 집 앞 도로에서 안전하다고 느낄 수 있는 '주관적 안전'에 더 신경을 쓰는 이유도 바로 그 때문이다. 상류 사회로부터 직간접적으로 손해를 입은 사람들은 대부분 개별적으로 확인이 불가능하다. 그러나 경제 범죄의 손실 규모는 전 인구의 일상에까지 파고들어 지대한 해를 끼친다. 몇 가지 사례를 보자.

경제학자 프리드리히 슈나이더(Friedrich Schneider)에 따르면 오스트리아의 지하경제(불법 고용과 암시장) 규모는 국내총생산(GDP)의 6.5%에 이른다고 한다.[48] 2018년 오스트리아에서 건축, 수공업, 서비스업, 오락 산업 분야의 불법 고용으로 인한 세수 손실이 183억 유로(약 24조 원—옮긴이)에 달한다. 그마저도 유럽의 다른 국가들에 비하면 오스트리아는 지하경제 규모가 제일 작은 국가이다. 네덜란드와 룩셈부르크가 그다음으로 작아서 각기 GDP의 7.5%와 7.9%이다. 동유럽은 훨씬 커서 불가리아는 GDP의 30.8%, 크로아티아는 27.4%, 루마니아는 26.7%나 된다.

탈세로 인한 국가 예산의 손실은 2018년 오스트리아의 경우 약 29억 유로(GDP의 약 1%), 이탈리아는 370억, 프랑스는 250억 유로이며, 유럽연합 전체에서 약 1600억 유로의 부가가치세가 탈세로 인해 국가 예산에 편입되지 못한다. 가장 탈세액이 큰 나라는 루마니아로, 부가가치세의 38%에 달해서 1.9%인 스웨덴과 비교하면 엄청나게 높은 수치임을 알 수 있다.[49]

히포(Hypo), 케이에이파이낸즈(KA Finanz), 이마곤(Immigon) 등 은행의 부실 우려로 촉발된 금융 위기는 일시적으로 오스트리아 국가 부채를 최고 280억 유로까지 높였다. GDP의 8.2%에 해당하는 액수이다.[50] 물론 그중 상당 부분은 해소되었다. 하지만 히포 사건으로 오스트리아가 치른 실제 비용은 총 125억 유로로, GDP의 4.4%에 이르는 액수이다.[51]

그러나 그늘에 가려 보이지 않는 몫이 가장 높은 부문은 부패이다. 부패의 가장 큰 활약 분야인 경쟁 방해와 경제 회피에 관해서는 'The Cost of Non Europe(비유럽 비용 보고서)'에 관한 정기적인 연구 결과(체키니 보고서)가 발간되고 있다. 2014년 이 보고서는 국내 시장 개방을 막기 위한 온갖 반경쟁 조치로 오스트리아가 입은 총 손실액이 GDP의 2.14%라고 밝힌 바 있다.[52]

이런 상위 계층의 금융 및 경제 범죄 금액을 다 합치면 무려 GDP의 약 6분의 1(15%)에 달한다. GDP를 복지의 지표로 본다면 국민의 생활 수준과 복지 수준의 상당 부분을 차지하는 액수이다. 그 금액을 인구 숫자로 나누면 월급쟁이의 2개월 치 월급에 해당한다. 오스트리아의 경우 대부분의 고용 노동자가 월급을 1년에 14번 받기 때문에 2.33개월 치에 해당하는 액수이다.

수치는 —대략적으로라도— 공개되고 우리 모두에게 미치는 영향력도 충분히 예상 가능하다. 그런데도 사람들은 도둑이나 차량 절도범이 진짜 도둑이요, 사회악이라고 생각한다. 반면 대형 범죄자는 모범 인물은 아니더라도 유명인, 영웅으로 취급한다. 대형 금융 범죄에 대한 이런 왜곡된 이미지는 우리의 언어생활에까지 깊이 스며들어 있다. 오죽하면 이런 우스갯소리가 나오겠는가. 은행에서 10만 유로를 빌리면 빌린 사람이 문제지만 1천억 유로를 빌리면 은행이 문제다.

법 위에 선 영웅들

경제 범죄를 저지른 위대한 이름은 영웅과 신화가 되고, 그들의 삶은 할리우드의 손을 거쳐 영화로 재탄생하며, 그 인물은 누구나 알아야 할 교양 지식이 되고, 그들의 창의력은 감탄의 대상이 된다. 범인들은 영화(〈캐치 미 이프 유 캔(Catch Me If You Can)〉(2002), 〈더 울프 오브 월 스트리트(The Wolf of Wall Street)〉(2013)]와 TV 드라마에서 성공한 인물로 그려진다. 어디를 가나 젊고 매력적인 여성들에게 둘러싸여 있고 스마트하고 창조적이며 시스템을 꿰뚫어 그것을 장난감처럼 가지고 노는 능력자, 출세한 사람, 성공인이다. 그들의 위험한 게임이 실패로 돌아갈 경우 사람들은 사회적 손실이 아닌 그들 개인의 고통과 치욕에 더 안타까움을 표한다. 전 국민이 짊어져야 하는 비용이 아니라 지금까지의 라이프 스타일을 포기해야만 하는 주인공을 비극적으로 여기는 것이다. 일반적으로 대기업은, 돈과 권력이 있는 인물은 현행법의 예외 조항과 법망의 구멍을 철저히 이용할 능력이 있고 또 그래도 좋다고 생각한다. 그들은 합법성의 경계 지대에서 이윤을 극대화할 수 있고 의도적으로 법을 위반해도 처벌받지 않을 수 있다. 사실 따지고 보면 로비와 영향력, 부패를 통해 법을 함께 만들고 수정할 권력이 그들의 손아귀에 있으니 말이다.

변호사와 전문 자문의 도움을 받아 현행법의 법망을 요리조리 피하는 엘리트들의 무한한 기회는 사회적 위계의 자연법칙이라 부를 '준법정신의 중력' 공식으로 요약할 수 있다. 법의 비중은 땅에 가까울수록 무거워지고 위로 올라갈수록 가벼워진다. 준법은 성공과 이윤 극대화를 위해 선택할 수 있는 한 가지 가능성에 불과하다. 대니얼 드루(Daniel Drew)의 말처럼 "법은 거미줄과 같아서 파리와 작은 곤충을 잡기 위해 만들었다. 말하자면 덩치 큰 벌은 그냥 뚫고 지나가버린다."[53] 그래서 어마어마한 금액의 상류층 범죄에는 하류층의 법과 규칙이 적용되지 않는다. 월 스트리트에는 이런 말이 있다. "In God we trust: all others pay cash please!(하나님은 믿되, 사람끼리는 현찰로)" 'In God we trust'는 1달러 지폐에 적힌 미국의 국가 공식 표어이다. 제일 적은 액수의 지폐에 적힌 국가의 모토는 말장난을 거치며 논리를 바꾸어 금융 현장의 주인공들에게로 넘어간다.

이 모든 사실은 유명한 몇몇 범죄자와 범죄 사례만 보아도 금방 체감할 수가 있다. 대형 금융 사건의 경우 언론은 대중의 호기심을 자극한다. 스마트폰을 훔치다가 잡힌 청소년들의 사연을 다룰 때와는 전혀 다른 표정으로 감탄사를 연발하며 센세이션을 부추긴다. 일단 손실액부터가 어마어마하다. 역사상 최대의 폰지 사기 사건을 일으킨 미국 증권 중개인 버나드 메이도프(Bernard Madoff)는 630억 달러, 리먼 브러더스는 500억 달러, 히포 알페 아드리아 은행은 125억 유로, 무허가 선물 거래로 프랑스 소시에테 제네랄 은행에 막대한 손실을 안긴 선물 거래 담당 제롬 케르비엘(Jerome Kerviel)은 44억 유로, 지멘스 부패 사건은 10억 유로, 2012년에 일어난 잘츠부르크 투자 회사들의 투자 손실 사건인 잘츠부르크 금융 스캔들은 3억 5천만 유로, 미국 보스턴에서 다단계 금융 사기를 벌였던 찰스 폰지(Charles Ponzi)는 1억 5천만 달러, 위작을 그려 팔아 수익을 올린 화가 볼프강 벨트라키(Wofgang Beltracchi)는 5천만 유로였다.

전체적으로 볼 때 범죄의 공식적 초점은 거리를 향한다. 빈에서는 자전거 경찰을 증설하여 신호등을 지키지 않거나 자전거를 타며 통화를 하거나 인도를 달릴 경우 범칙금을 부과한다. 범죄와의 전쟁에 전기충격기가 동원되고 출동비가 약 38만 유로에 달하는 기마경찰까지 투입된다. 하지만 통계 자료를 보면 누구나 알 수 있다. 우리가 우려해야 할 대상은 내 지갑을 털어 갈 소매치기가 아니라 우리의 세금을 투자하여 날려먹는 엘리트들이다. 다국적 기업의 세금 도피만으로도 연간 최고 9억 유로가 국고로 환수되지 못한다.[54] 2015년 한 해에 구글, 아마존, 나이키 같은 다국적 기업이 세금의 오아시스로 은닉한 이윤이 총 6200억 달러(5700억 유로)였다. 그 결과 산업 국가들은 물론이고 개발도상국들까지 엄청난 국고 손실을 감수해야 한다. 룩셈부르크, 아일랜드, 파나마 페이퍼스와 패러다이스 페이퍼스(국제탐사보도언론인협회(ICIJ)가 폭로한 문건으로, 전 세계 고위 인사들이 해외 조세 회피처를 통해 세금을 회피한 내부 자료를 일컬음 — 옮긴이)처럼 이와 관련된 정보들은 탐사 보도 기자들의 활약 덕분에 주기적으로 우리 귀에까지 들어오지만 그에 대응하는 정치적 행동을 하기는 생각처럼 쉽지가 않다. 국경을 넘나드는 범죄를 조사해 처벌하기가 현실적으로 힘에 부치기 때문이다. 하지만 수사 의지가 부족한 것 또한 분명한 사실이다.

도로에서 차량 단속을 하는 경찰 인력은 특별한 계기가 없어도 잘도 확충하지만 경제 사범을 향한 단호한 대응은 여전히 기대하기 힘들다. 국가에 엄청난 경제적 손실을 안기고 결국 국민 각자가 그 비용을 부담해야 하는 범죄인데도 말이다. 금융 범죄는 국가에 해를 입히고 경제 성장에 지대한 악영향을 초래한다. 이런 상황에서 밀려드는 난민들 탓에 예산에 구멍이 생겨 복지 비용을 삭감할 수밖에 없다는 논리는 제아무리 진지한 표정을 지어도 우습기 그지없다.

2

피해자에게 책임을 전가하다:
멸시의 한 방법

공정한 세상 가설

피해자는 인기가 없다. 학교에서도 왕따는 멸시와 회피의 대상
이다. 범죄를 당했어도 책임은 피해자에게 묻는다. 왜 지갑을 재
킷 주머니에 넣고 다녔니? 왜 현관문 도어 록을 그렇게 허술한 걸
로 달았어요? 딱 봐도 사기꾼이던데 그 말을 믿으셨습니까?

이렇듯 가해자와 피해자가 뒤바뀌는 이유 중 하나는 세상은 기
본적으로 정의롭기 때문에 뿌린 대로 거둔다는 기대 심리이다. 이
를 흔히 '공정한 세상 가설(just-world hypothesis)'이라 부른다. 세상은
공정하고 정의롭고 안전하기에 나만 제대로 행동하면 공정한 결

과가 돌아올 것이라는 믿음이다. 자신도 부당한 일을 당할 수 있다는 것은 상상만 해도 무섭고 불안하다. 그래서 우리는 부당한 일을 당한 피해자에게 그 책임을 전가한다. 그래야 자신은 계속 안전하다고 느낄 수 있기 때문이다. 즉 다음과 같이 여기고 믿는다. 세상에는 정의로운 규칙이 있다. 나쁜 일은 불운의 탓이 아니라 그 개인의 잘못된 행동 탓이다. 세상만사가 뿌린 대로 거두는 법이다. 이웃집 아이가 친구들한테 얻어맞고 돈을 빼앗긴 데에는 다 그럴 만한 이유가 있을 것이다. 우리 아이는 더 신경 써서 키우면 절대 그런 일을 당하지 않을 것이다. 야한 옷만 안 입었으면 험한 일을 당하지 않았겠지. 야한 옷을 입고 꼬리를 쳤으니 그런 일을 당한 거야. 낯선 사람이 술을 사준다고 쪼르르 따라가다니, 어떻게 그렇게 경솔하단 말인가.

1960년대 초 사회학자 멜빈 러너(Melvin J. Lerner)가 이 가설을 처음으로 상세히 연구했다.[55] 그의 연구 결과에 따르면 개인들이 이 가설을 신봉하게 되는 데에는 여러 요인이 작용한다. 그런데 가장 중요한 요인 중 하나는 부당한 경험과 관련이 있다. 부당한 일을 많이 겪은 사람은 세상이 정의롭다고 믿지 않는다. 현재의 여러 연구 결과들도 하나같이 공정한 세상에 대한 믿음이 사회적 특권과 긴밀한 관계가 있다는 사실을 입증한다. 부자, 백인, 남성처럼 사회적 지위가 높은 사람들은 빈민, 소수 인종, 여성처럼 사회적 지위가 낮은 사람들보다 공정한 세상 가설을 상대적으로 더 믿는다.[56] 뛰어난 외모나 매력 역시 또 다른 특권이어서 이런 사람들은 긍정적 경험을 많이 하게 되므로 공정한 세상 가설을 더 믿는다.

다른 인지 왜곡이 그렇듯 공정한 세상 가설도 심리적 이득이 많다. 가령 세상이 안정적이고 내 마음대로 할 수 있는 것이라고 생각하면 마음이 편할 터이다. 또 세상이 공정하다고 믿으면 미래도 확신을 갖고 계획할 수 있다. 그 미래를 내 뜻대로 할 수 있을 테니까 말이다. 개인의 행동이 그 자신의 불행에 책임이 있다고 믿으면 더욱 세상이 공정하다는 가설에 매달리게 된다. 세상이 공정하지 않을지도 모른다는 불안을 줄이려는 목적이다.

이런 장점들이 있음에도 이 가설은 여러 가지 해로운 영향을 미칠 수 있다. 세상이 공정하다고 믿으면 굳이 정의 구현을 위해 노력할 이유가 없다. 사회심리학자 지크 루빈(Zick Rubin)과 레티티아 앤 페플로(Letitia Anne Peplau)는 세상이 공정하다고 확신하는 사람들의 특징을 연구했다.[57] 그 결과에 따르면 세상의 공정함을 믿는 사람들은 불이익을 당하는 집단을 부정적으로 바라보았다. 또 사회를 변화시키거나 사회적 약자의 고단한 상황을 개선해주고 싶은 욕망이 적었다. 이들은 자기 불행은 자기 탓이라고 믿음으로써 자신의 세계관을 지키려 애썼다. 그런 일을 당해도 싸다는 생각, 자업자득이라는 믿음은 약자에 대한 공감을 떨어뜨리기 마련이다.

성범죄는 당한 사람 탓?

여성 대상 성범죄의 경우 피해자를 향한 비난이 여기서 한 걸음 더 나아간다. 집에 도둑이 들었다면 도둑맞은 집 주인에게 굳이 '도난 피해자'라는 말을 쓰지 않는다. 하지만 성범죄의 경우 유독 '피해자'라는 딱지를 붙인다. 심지어 그 딱지가 피해자의 정체성이 되어버리는 경우도 있다. 성범죄를 당한 여성은 그 누구도 아닌 '성범죄 피해자'로 규정된다.

그게 다가 아니다. 그 '잠깐의 허튼짓' 때문에 범인의 명성과 장래가 심각하게 훼손될 수 있다는 이유로 피해자 여성에게 고소를 취하하라는 요구가 쏟아진다. 브록 터너(Brock Turner) 사건이 대표적이다. 미국 스탠퍼드대학교에 재학 중이던 브록 터너는 2015년 1월에 한 여성을 강간했다. 강간을 당할 당시 그 여성은 의식이 없는 상태였다. 터너는 고발되었고 배심원들은 유죄를 선고했다. 검사는 최소 6년 징역형을 구형했지만 판사는 구형 형량보다 현격하게 낮은 형량을 선고했다. 불과 6개월 형이었다. 터너의 한 여자 친구가 탄원서를 보내 터너가 '성격이 좋은 사람'이라고 읍소했다. 범인의 아버지도 고작 그 '20분의 행위'로 인해 아들을 감옥에 보내는 건 마땅한 처사가 아니라고 주장했다. 게다가 그는 아직 젊고 전과가 없으며 재판이 시작된 이후 제대로 밥도 못 먹고 있고 강간죄로 형을 살 경우 그의 인생 전체가 망가질 수 있다. 이 것이 판사가 든 감형의 이유였다. 동정과 이해를 피해자가 아니라 가해자에게 요구하는, 전형적인 역전 사례이다. 다른 범죄에서는 그런 식의 반론이 좀처럼 등장하지 않는다. 다음과 같은 반론이 가능하다고 생각하는가?

자, 지금부터 한번 곰곰이 생각해봅시다. 소매치기를 하다가 체포당하면 어찌 되지요? 재판을 받고 형을 살 것이고 직장이 있다면 직장에서도 잘릴 것이며 하루아침에 전과자가 될 겁니다. 한마디로 명예와 생존이 위태로워집니다. 이 모든 일이 돈 몇 푼 안 들었을 당신의 그 가소로운 지갑 하나 때문에 생긴 일입니다. (⋯) 당신을 보고 배워서 앞으로 다른 여자들까지 소매치기를 당할 때마다 경찰서로 달려간다면 어디 남자들이 무서워서 여자한테 손을 내밀겠습니까? 자칫하다가는 소매치기로 신고당할 텐데 무서워서 어떻게 손을 내밀겠습니까? (⋯) 물론 지갑을 훔친 게 잘했다는 말은 아닙니다. 하지만 그렇다고 해서 이렇게까지 호들갑을 떨 심각한 범죄는 또 아니지요.[58]

성폭력과 성추행의 경우에 특히 범행을 대수롭지 않은 일로 넘기려는 분위기가 일반적이다. 범인을 세상의 시야로 끌어내려는 여성에게는 금방 '남성 혐오'라는 낙인을 찍어버린다. '나쁜 소식을 가져온 사람에게 화를 내는(to kill the messenger)' 해묵은 전략이다. 많이 쓰이는 또 다른 전략으로는 여성의 호소를 남성에 대한 복수로, 남자의 명예를 무너뜨리려는 앙심의 발로로 취급하는 것이다.

가해자와 피해자를 뒤집는 전통적인 방법이다. 혹은 성범죄를 '다른 시대에서 온' 남성들의 '구애 노력'으로 해석하기도 한다. 이렇듯 성범죄를 대단치 않게 취급하는 모든 행위들이 피해자를 고립시킨다. 정작 피해자는 잊기 힘든 고통과 상처로 괴로워하고 자신의 무력함을 견디기 위해 엄청난 힘을 쏟아부어야 하건만 주변에선 오히려 가해자를 옹호하기 바쁘다.

여기서 멈추지 않는다. 실제로 책임을 피해자에게 떠넘기는 경우도 많다. 해당 여성이 범행의 책임을 상당 부분 떠안아야 한다고 주장한다. 그래서 아무렇지도 않게 이런 질문을 던진다. 왜 그 상황에서 안 된다고 확실하게 선을 긋지 않았어요? 왜 그런 일이 있고 난 후에도 직장을 옮기지 않았나요? 왜 1년 동안이나 가만히 있다가 이제야 신고를 했지요? 이는 피해 여성을 향한 냉소와 비웃음일 뿐 아니라 문제를 아무것도 아닌 일로 만드는 물타기 수법이다. 그래서 피해자가 그런 사건을 겪은 후 사람을 기피하고 ―대부분의 성범죄가 그러하듯 범인이 아는 사람일 경우― 범인과 마주칠까 봐 겁을 내면, 혹은 그 모든 일을 잊어버리고 싶어 하면 피해자에게 의혹과 비난이 쏟아진다. 그런데도 아무도 이런 현실을 문제시하지 않는다.

많은 여성들이 그런 일을 겪은 후 수치와 불안을 동반한 심한 사회적 고립감을 느낀다. 공감은커녕 책임 전가와 되레 가해자를 보호하려는 태도에 부딪혀 절망하기 때문이다. 방지할 수 있는 일이 아니었을까? 조금만 조심하고 신중했다면 안 일어났을 일이 아닌가? 이렇게 함부로 말할 때 '조심'과 '신중'은 당연히 당한 여성의 몫이 되어버린다.

왜 피해 예방에 애써야만 할까

끊임없이 일어나는 성범죄로 여성들의 삶은 매우 불안하고 힘들지만, 여전히 그에 대한 인식과 관심은 턱없이 부족하다. 여성들은 남성의 잠재적 범죄를 늘 염두에 둔 채 매일매일 성범죄로부터 자신을 지키기 위해 온갖 조치를 취해야 한다. 밤늦게 혼자 귀가할 때는 전화하는 척 연기를 하고, 택시를 타면 문손잡이에서 한시도 손을 떼지 못하며, 혹시 소리를 못 들을지 몰라 이어폰으로 좋아하는 음악을 듣지도 못하며 주차장에 차를 세우고 내릴 때도 혹시 누가 있지 않나 거듭 살펴야 한다. 그런 여성 나름의 예방책들을 열거해보라면 아마 끝도 없이 이어질 것이다.

도시 개발에서도 사실상 이미 여성을 노리는 범죄의 위험을 고려하고 있다. 이제는 건물 설계와 도시 계획에 '젠더 감수성' 기준을 적용하는 경우가 적지 않다. 가령 주차장의 경우 조명에 신경을 쓰고 나무나 짐으로 시야가 가리지 않는지 살피며 계단실을 유리로 만들어 밖에서 안이 다 보이게 만드는 식이다. 즉 어두운 구석이나 보이지 않는 부분을 없애서 여성이 어디서나 안심할 수 있게 만들고자 한다. 물론 어두운 구석 자체가 나쁜 것은 아니다. 하지만 그곳을 범죄의 장소로 사용하는 남성들이 있기에 애당초 설계 차원에서 위험 요소를 없애자는 것이다.

성범죄를 예방하는 신제품과 혁신 제품도 계속 나오고 있다. 이미 많이 사용하는 후추 스프레이는 물론이고 언더커버 컬러스(성폭력에 사용되는 '물뽕', 즉 GHB와 로히피놀, 케타민 등의 약물에 닿으면 색이 변하는 매니큐어 ─ 옮긴이), 안전 속바지(safe shorts) 등이 대표적이다. 안전 속바지는 자물쇠가 달린 특수 끈 덕분에 잘 벗겨지지 않는다. 가랑이 부위는 잘리거나 찢기지 않는 프로텍터를 덧댔고 줄이 끊어지면 최고 130데시벨의 알람이 울린다. 칼럼니스트 어맨다 헤스(Amanda Hess)는 미국 온라인 잡지 〈슬레이트〉에서 이 속옷을 가리켜 "현대의 강간 피해 방지를 위한 편안하고 우아한 정조대"라며, "저런 속옷을 입은 여성은 언제 어디서나 자신의 성기를 성범죄로부터 보호해야 한다는 사실을 끊임없이 상기할 테니 어느 때보다 마음이 편할 것이다"[59]라고 비꼬았다.

이 모든 제품들은 성범죄의 범인이 구석에 몰래 숨어 있다가 '스스로 위험한 상황으로 걸어 들어오는' 여성을 덮치는 낯모르는 남성이라는 잘못된 신화를 입증하고 강화할 뿐이다. 통계적으로 보면 강간범의 압도적 다수는 피해자를 잘 아는 사람이다. 그리고 사실 성범죄의 피해자는 여성뿐 아니라 남성과 아동도 많다.

그러니 더욱더 의문이 들 수밖에 없다. 왜 우리는 여전히 여성 혼자 강간당하지 않기 위해 분투해야 하는 세상에 살고 있는 것일까? 왜 초점을 '피해자'의 의무와 책임에 두는가? 왜 가해자의 역할에는 별 관심을 두지 않는 것일까?

언어에 반영된 피해자와 가해자의 역전

그 이유 중 하나는 우리가 쓰는 문장의 구조에 있다. 언어의 사용 방식은 사고를 구성한다. 우리의 인식은 먼저 여성과 여성의 결정에 의문을 제기하는 식으로 구성된다. 언어학자 줄리아 페넬로페(Julia Penelope)는 이 사실을 다음과 같은 연습 문제를 이용해 설명한다. 첫 번째 문장, '마틴이 리사를 성폭행했다.' 이 단순한 문장에서 주어는 마틴이고 리사는 목적어이다. 다음, '리사가 마틴한테 성폭행을 당했다.' 이 문장에서는 반대로 초점이 리사에게 맞춰지고 마틴은 뒤로 밀려나서 우리의 관심에서도 멀어진다. 세 번째 문장은 어떤가. '리사가 성폭행을 당했다.' 여기서는 마틴이 아예 삭제되어 리사만 남는다. 피해자에게만 집중되고 가해자는 종적을 감춘다. 마지막 문장을 보자. '리사는 성폭행 피해자이다.' 여기서는 마틴이 그녀에게 저지른 짓이 리사의 정체성을 결정한다. 마틴은 이미 문장에서 사라진 지 오래이다. 따라서 무의식적으로 이런 질문이 제기된다. 왜 리사는 성폭행을 당했을까? 왜 가해자를 제지하지 못했을까? 왜 그런 남자와 어울렸을까? 왜 술을 그렇게 많이 마셨을까? 이런 질문들은 지배적인 현 상황을 재생산할 뿐, 장기적인 예방에는 아무 도움이 되지 못한다.

가해자를 주어로 하면 ─ '마틴이 리사를 성폭행했다' ─ 질문은 그에게로 향하고 인식도 명확해진다. 왜 마틴은 리사를 성폭행했을까? 왜 마틴은 그런 욕망을 품었을까? 그럼 그런 의문들을 바탕으로 마침내 이런 질문이 제기될 것이다. 왜 그렇게 많은 신체적, 정서적, 언어적 폭력은 남성들이 저지르는 것일까? 왜 남성은 여성은 물론 같은 남성에게도 폭력을 행사하는 것일까? 우리의 제도는 그런 식의 행동 방식을 생산하는 데 어떤 역할을 할까? 토론의 초점은 이제 고통을 겪는 여성에서 범행을 저지르는 남성, 눈에 보이는 주어이자 행위자인 남성에게로 향한다. 여기서 중요한 점은 개별 가해자가 아니라 수많은 여성들의 일상을 구성하는 사회 문제이기 때문이다.

그렇게 되면 우리는 문제의 핵심에 한 걸음 더 다가가서, 형량을 높이거나 감시를 확대하는 등의 범죄 예방책보다 여성을 향한 폭력의 진정한 원인에 대해 토론할 것이다. 물론 이런 주제를 다루기가 쉽지는 않을 것이다. 많은 사람들이 '여성 대 남성'의 뻔한 틀로 토론을 막을 것이고, 정작 아무 짓도 하지 않은 많은 남성들이 대신 죄의식을 느끼는 사태가 발생할 것이기 때문이다. 그럼에도 근본적 책임 의식을 불러일으키자는 논의의 목표는 더 적극적으로 추구해야 마땅하다. 남자들은 성차별을 반대하는 남자를 겁쟁이나 농담도 모르는 '진지충' 취급을 한다. 알고 보면 충동에 휩쓸려 어찌할 바를 모르는 그들보다 훨씬 자신감과 자기 확신이 넘치는 사람들인데 말이다.

전체적으로 볼 때 가해자와 피해자의 역전은 성범죄에서 유독 두드러지게 나타난다. 그런 현상이 피해자에게는 치명적인 영향을 줄 수 있다. 자신이 범죄에 일조했다는 생각이 해를 입은 여성의 의식에 깊이 뿌리내려 피해자가 오히려 죄책감을 느끼고 자신이 제정신이 아닌가 싶어 불안에 떨게 된다. 또 자신이 더럽고 창피하다고 느낄 것이며, '그런 상황으로 밀어 넣은' 자신에게 화가 나서 스스로를 비난하고 책망할 것이다.

　'범죄는 개인이 조심해서 피해야 하며 안 그러면 자초한 것'이라는 생각을 이제는 버려야 한다. 범죄는 피해자가 아닌 사회가 제재해야 한다. 예방 조치는 피해자가 아닌 가해자를 향해야 한다. "혼자 길 가는 여성은 가만히 내버려 둬야 해." "술 취한 여자를 보더라도 너의 성적 호기심에 이용해서는 절대 안 돼." 그렇게 남성들을 교육해야 한다. 범죄를 가장 확실히 막을 수 있는 사람은 그 범죄를 저지를 우려가 있는 사람이기 때문이다.

6

소비

로빈 후드가
카페라테를 들고 도시로 온다

— 마이클 굿먼

우리는 많은 것을 원한다. 사실상 필요치 않은 것도 갖고 싶어 안달이다. 생존에 필요해서도 아니고 물질적 충동을 해소하기 위해서도 아니다. 인간은 기본 욕구만 채워서는 만족하지 못한다. 그래서 남들에게 인정받고 존경받으려는 사회적 목적을 위해서도 많은 제품을 구매한다. 흔히 소비는 재산의 정도를 반영한다고 생각하기 쉽다. 하지만 그게 다가 아니다.

소비와 사회적 지위는 다양한 방식으로 밀접하게 연관된다. 소비를 신분 소통의 수단으로 삼아 상징성 있는 제품으로 지위를 과시하고 남들의 눈에 더 높은 계층으로 보이려 애쓰는 사람들이 적지 않다. 1장에서는 메시지로서의 상표처럼 상품을 이용한 다양한 형태의 신분 과시를 조명하도록 하겠다. 성공해서 경제적으로 독립한 사람들일수록 과시의 방식이 교묘해서 전통적인 신분 상징을 별로 선호하지 않는다.

문제는 순수한 부의 과시로 그치지 않는다는 점이다. 요즘엔 공정 무역 제품과 지속 가능한 소비재 역시 제품과 소비자의 신분을 입증한다. 공정 무역 커피, 유기농 제품, 친환경 여행 상품의 구매자들은 사회적 책임감과 환경 의식을 은근히 과시하여 도덕적 우월감을 느낀다. 그래서 2장에서는 의식적 라이프 스타일이 우월한 소비 메시지가 되는 이 세련된 형태의 거리 두기와 신분 의식에 대해 자세히 알아보기로 한다.

1

과시 소비:
상품을 이용한 신분 투쟁

청바지를 입은 백만장자

"인간은 소통하지 않을 수 없다." 폴 바츨라빅(Paul Watzlawick), 재닛 비빈(Janet Beavin), 돈 잭슨(Don Jackson)이 주장한 이 유명한 소통 원칙은 소비재에도 적용될 수 있다. 모든 제품은 선언이다. 안경이건, 식당에서 주문한 메뉴건, 자동차건, 소비 결정은 사회적 지위의 표식이다. 수많은 소비자들이 사회 '밑바닥'과 선을 긋고 더 높은 신분을 상징하는 제품에 선뜻 돈을 지불한다. 그런 신분 소비라고 하면 가장 먼저 떠오르는 것이 캐비아, 명품 손목시계 같은 사치품일 것이다.

하지만 신분 상징이 실제로 다른 사람들에게 영향을 주는지는 확실하지 않다. 정치적 지향, 교육 수준, 연령, 성별에 따라 먹히는 정도가 다르기 때문이다. 상류층의 소비문화에서는 이제 더 이상 돈이 신분을 좌우하는 요인이 아니다. 무엇을 어떻게 소비하느냐가 더 관건이다. 교육 수준이 높고 돈이 많은 사람들은 비물질적 이상과 굿 라이프 이념을 앞세운 다른 방식의 성취를 추구한다.

가령 넉넉한 시간은 신분 과시 상품 중에서도 가장 비싼 것으로 꼽히고, 이는 살짝 태운 갈색 피부로 입증할 수 있다. 예전에는 하얀 피부가 뙤약볕 밑에서 일하는 육체노동자가 아니라는 증거였지만 요즘엔 건강한 구릿빛 피부가 사무실 밖에서 선탠을 할 수 있는 시간적 여유, 재산, 건강, 미의 상징이다. 절제하고 삼가는 고위층은 일반적으로 깊은 인상을 남긴다. 청바지와 운동화 차림으로 6성급 호텔에서 체크인을 하는 부자는 그런 소박한 차림새로 '나는 내 신분을 과시할 필요가 없다'는 메시지를 준다. 실리콘밸리 스타트업 기업의 백만장자들은 회색 후드 티를 즐겨 입고 다녀서 겉모습만으로는 인턴사원하고 전혀 구분이 안 된다.

성공할수록, 돈이 많을수록 전통적 신분 상징은 중요하지 않다. 신분 표식은 더 교묘해져서 커다란 로고나 화려한 액세서리보다 수수한 맞춤 양복과 수제 구두를 더 선호한다. 이처럼 '은밀한 부 (Stealth Wealth)'는 화려하지 않아서 보통 사람들은 사치품인 줄 모르는 비싼 수제 사치품에 담겨 있다. 요즘 상류층은 호들갑스럽게 부를 과시하는 짓은 천박하다고 보며 자기 이미지에 오히려 해가 된다고 생각한다. 클라우스 클라인펠트(Klaus Kleinfeld)가 지멘스의 CEO가 되었을 때 기업 홍보부는 공식 사진에서 그의 손목에 있던 롤렉스 시계를 지웠다. 번쩍이는 성공의 상징을 보란 듯이 과시하는 자수성가 부자의 싸구려 이미지를 연상시킨다는 자문의 조언 때문이었다. 당연히 독일 대기업 CEO로서는 좋은 출발이 아닐 것이다. 그들 집단에선 조금 더 정교한 상징이 유행이니까 말이다.

큰 집을 장만하고 고급 차를 타고 호화판 휴가를 즐기면서 대놓고 돈 자랑을 하는 건 '더 높은' 사회 집단의 인정을 받고 싶은 신흥 졸부들이나 하는 짓이다. 대신 그들은 명사들을 잔뜩 초청해 우아한 파티를 열면서 부자 집단의 소속임을 확인하고 동시에 '남들'과 선을 긋는다. 자신의 출신이지만 이제는 버리고 싶은 그 '남들'과 확실히 경계를 긋고 싶어 한다.

무얼 소비하느냐가 나를 말해준다

사회학자 피에르 부르디외에 따르면 특정 소비재의 상징은 구별 효과를 노리며, 자신을 남들과 구분하려는 욕망을 채워준다.[60] 부르디외의 이론은 1960년대 프랑스 사회의 경험적 분석을 기반으로 한다. 그는 —미술, 음악, 가구, 음식, 술, 여행 분야와 관련해— 구체적 취향의 선호를 각 사회적 신분의 결과로 본다. 가장 중요한 동기는 구분 의지이다. 특히 사회적으로 낮은 신분 집단과 자신을 구분 지으려는 의지이다. 상류층이 고급 라이프 스타일의 기준을 정한다. 그러기에 소비는 사회 불평등 메커니즘을 드러낸다. 부르디외의 이론은 소비에 계급 형성의 효과를 부여한다. 구매 행위와 소비 습관과 소비자의 사회적 위치는 서로 밀접하게 관련되어 있다. 그렇게 되면 소비와 여가는 계급 구조의 재생산에 결정적 역할을 한다. 소비와 여가를 통해 경제적 차이가 상징적으로 번역되어 라이프 스타일이 되기 때문이다.

그런데 돈이 아주 많지 않은 사람들이 신제품 휴대전화와 자동차에 돈을 펑펑 쓰는 이유는 무엇일까? 100년도 더 이전에 경제학자이자 사회학자인 소스타인 베블런(Thorstein Veblen) [61]이 이런 질문에 주목했다. 그리고 사람들이 실존적 욕구보다 물건의 과시 가치를 더 필수적으로 느낄 수 있다고 주장했다. 물건으로 물질적 욕구를 채우는 것보다 남들에게 성공과 높은 사회적 지위의 인상을 주는 것이 더 중요하다는 얘기다. 사실 빈민가에서 휴대전화와 자동차가 갖는 중요한 기능도 바로 이것이다.

이런 주장을 바탕으로 몇 년 전 경제학자 케빈 코피 찰스(Kevin Kofi Charles)와 에릭 허스트(Erik Hurst)는 미국 백인과 흑인의 재산 차이를 연구했다. 그런데 결과가 예상 밖이었다. 흑인들은 수입이 비슷한 백인보다 재산이 더 적었고 상대적으로 많은 돈을 자동차에 지출했다. 미래가 어두운 사람들이 특히 더 자동차를 과시와 자랑의 수단으로 보았다. 직장에서 승진을 못 하거나 운동을 잘하지 못해 자존감이 낮은 사람에게는 자동차가 인정받을 수 있는 하나의 방법인 셈이다.

이 두 학자는 또한 펜실베이니아대학교의 니콜라이 루사노브 (Nikolai Roussanov)와 협력해 미국 내 여러 인종 집단의 소비 행동을 상세히 분석했다.[62] 연구 결과는 인종 비교 결과가 한 집단 내에서 도 적용된다는 사실을 보여주었다. 즉 사는 형편이 넉넉하지 않은 백인이 돈이 많은 백인보다 더 많은 돈을 신분 상징에 투자한 것이다. 이들 세 경제학자의 연구 출발점은 소비자의 사회적 지위이다. 사람들은 자신의 수입, 소비, 재산이 같은 집단 내 다른 구성원과 비교해 어떤지에 특히 신경을 많이 쓴다. 비싼 차와 옷, 장신구를 걸침으로써 같은 환경, 같은 지역의 타인들에게 자신이 더 재산이 많다는 걸 드러낸다. 젊을수록 과시 소비가 더 많다는 결과도 재미있다. 인종에 관계없이 나이가 들면 과시욕이 줄어든다. 교육 수준도 과시 소비와 관계가 있다. 교육 수준이 높을수록 과시에 지출하는 돈이 적다.

시장 경제 자본주의 사회에서는 못 사는 사람들이 신분 상징용 상품을 소비하여 인정 결핍을 해소하려는 경향이 높다. 자신에게 부족한 것을 과시 소비를 통해 시뮬레이션하려는 것이다. 이런 소비 행태는 보통 자신의 사회적 지위가 물질적 생활 수준에 좌우된다는 가치관에서 비롯했다.

경제학의 소비 이론에서 이는 흥미로운 예외이다. 경제학에서는 가격이 내리면 수요가 많아지고 제품이 비싸지면 구매도 줄어드는 것이 보통이다. 그런데 역설적이게도 정반대인 소비재들이 있고, 이런 제품은 가격이 비싸서 대중이 구입할 수 없다는 이유 때문에 잘 팔린다. 바로 사치품이 그렇다. 1800유로나 하던 명품 시계를 어느 날 갑자기 28유로에 팔면 상표의 과시 효과가 일시에 사라질 것이고 그럼 그 제품은 시장에서 사라지고 말 것이다. 국민 경제 이론에서는 이런 현상을 두고 '버블 효과'라고 부른다. 가격이 내릴 때가 아니라 오를 때 수요가 늘어나는 현상이다. 다시 말해 사람들은 특정 상품을 가격이 높다는 이유로 소비한다. 가격이 낮은 상품은 고급으로 인정되지 않는다. 그런 상품을 가질 수 있다는 사실을 과시하기 위한 그 한 가지 목적의 소비. 모든 제조사의 꿈도 바로 그것이다.

쿨함과 운동화의 신분 상징

신경학자 스티븐 퀴츠(Steven Quartz)와 아네트 아스프(Anette Asp)는 저서 『쿨: 쿨해 보이려는 우리 두뇌가 경제와 세상을 이끄는 법(Cool: How the Brain's Hidden Quest for Cool Drives Our Economy and Shapes Our World)』에서 이른바 '쿨'함과 사회적 지위를 얻기 위한 우리의 노력이 소비 방식과 구매 상품을 어떻게 결정하는지 설명한다.[63] 이 두 학자는 사람들이 상표, 제품, 신분 상징용 물건을 어떻게 인식하는지를 연구해 뇌의 내측 전전두피질이 영향을 받는다는 사실을 밝혀냈다. 뇌의 이 부위가 우리의 사회적 정체성에 영향을 미치는 쿨함을 처리하는 것이다. 사람들은 자신이 누구인지, 남들이 자신을 어떻게 생각해주면 좋을지를 반영하는 제품을 구입한다. 그 이유는 소비가 가장 기본적인 사회적 본능을 건드리기 때문이다.

인간은 사회적 지위를 두고 경쟁을 벌이며, 신분을 상승시키는 제품은 자아상을 강화한다. 그런데 쿼츠와 아스프의 연구에 따르면 이러한 전통적인 설명은 인간이 상대와 나를 구분하고 상대보다 우월하기 위해 노력한다는 수준에 그친다. 정작 신경학 연구를 해보았더니 인간은 무엇보다 소속을 두고 경쟁을 벌였다. 상품은 남에게 인정받고 존중받고 싶은 기본 욕구를 충족하는 데 기여한다. 소비재는 근본적으로 자아의 확장이며, 우리가 누구인지, 어떤 사람이고 싶은지, 누구와 친하고 싶은지, 어떤 가치를 공유하는지를 반영한다. 유명인이 사용한 제품을 따라 사는 사람들이 많은 것도 그래서다. 위대한 이름이 욕망을 일깨운다. 우리의 뇌가 그들을 권력과 힘을 갖춘 잠재적 사회 파트너로 인식하여 그들과 친해지고 싶어 한다. 그리고 기업들은 이렇게 셀럽의 라이프 스타일과 소비 결정을 모방하는 심리를 적극 마케팅에 활용한다.

대표적인 것이 운동화이다. 세계적인 스니커즈 대기업들이 유명 음악인들을 전면에 내세워 인기몰이 중이다. 예전에는 운동선수들이 인기 파트너였다면 요즘은 팝 문화 유명인들의 주가가 치솟고 있다. 셀럽이 신제품 컬렉션에 관심과 쿨함, 과열을 선사한다. 미국 유명 래퍼 카녜이 웨스트(Kanye West)는 '이지(Yeezy)'로 아디다스의 명성을 회복시켰다. 푸마는 팝 아이콘 리애나(Rihanna)와 손잡고 '펜티(Fenty)' 컬렉션을 만들어 회사 이미지를 가리던 거미줄을 싹 걷어냈다. 가수 퍼렐 윌리엄스(Pharrel Williams)가 샤넬과 손잡고 선보인 스니커즈는 시장에 나오기도 전에 완판되었다.

운동화는 새로운 신분 상징으로 통한다. 한정 모델은 인기가 너무 치솟아서 재판매 금액이 상상을 초월할 정도이다. 관심 있는 구매자라면 이베이나 '전 세계 최초 운동화 경매 시장'으로 유명한 스톡X 같은 온라인 장터를 이용하면 된다. 그곳에 들어가면 운동화의 재판매 금액을 확인할 수 있다. 회원들이 포트폴리오를 작성해서 각자가 구입한 운동화 목록을 올린다. 각 컬렉션의 재판매가를 바탕으로 웹 사이트는 2차 운동화 시장의 잠재력을 산출한다. 무려 10억 달러 이상의 가치를 가진 글로벌 경제 부문이다. '조던 1 레트로 하이 오프-화이트 시카고' 모델은 2017년 일반 시장에서 190달러에 살 수 있었다. 그 운동화를 산 사람이 한 번도 신지 않고 팔면 현재 최고 2750달러까지 받을 수 있다. 이 사실만 보아도 운동화가 신분 과시의 수단일 뿐 아니라 투자 상품이기도 하다는 사실을 잘 알 수 있다. 물론 모든 수집품 애호가들이 그렇듯 운동화도 돈만 노리는 투자자들보다는 순수 팬이 더 세련된 사람 취급을 받는다.

욕망을 불러일으키는 것은 유명세만이 아니다. 인위적으로 숫자를 줄여 희소가치를 높임으로써 욕망을 부추기기도 한다. 얼마 전까지만 해도 새 운동화 출시일이 발표되면 그 전날부터 가게 앞에서 젊은이들이 진을 치는 풍경을 드물지 않게 볼 수 있었다. 하지만 요새는 운동화를 사겠다고 한데에서 밤을 새울 필요가 없다. 북새통과 사고를 방지하기 위해 '래플'이 도입되었기 때문이다. 래플은 일종의 추첨 제도로, 미리 이메일로 구매 신청을 받고 상품이 출시된 후 추첨을 하여 당첨된 사람들에게 운동화를 판다. 하지만 내부자들은 미리 친구나 단골 고객에게 대부분의 상품을 팔고 남은 몇 켤레만 일반 고객에게 제공한다는 사실을 이미 잘 알고 있다. 이로써 운동화는 신분의 또 다른 측면을 입증한다. 남부럽지 않은 인맥이 바로 그것이다. 제대로 된 인사를 알아야 하고 뜻이 같은 사람들의 집단에 소속되어야 하는 것이다.

상품이 되어 더 높은 곳으로

연애를 할 때도 소비는 중요한 역할을 한다. 남자는 여자에게 잘 보이려고 자신의 가치를 입증하는 과시 소비를 하고, 여자는 자신의 매력을 높여줄 사치품을 구입한다. 잡지의 칼럼, 체험 고백, 광고 들은 가슴 성형수술과 몸매 교정 기능성 속옷이 자율적인 '개인의 결정'이며 여성들에게 만족과 해방감을 선사한다고 떠들어댄다.[64] 하지만 희고 털이 없고 날씬하며 가슴이 빵빵하고 선탠이 잘 된 여성의 몸매에 가까워지려고 돈을 투자하는 것이 단순히 '개인의 결정'이라는 생각은 그 결정 뒤에 몸을 숨긴 상업의 힘과 문화의 압력을 보지 못하는 어리석음이다.[65] 그런 지출은 대중

매체가 매력적이라고 내세우는 그 여성의 몸에 자신을 맞추기 위한 것이기 때문이다.

노력은 일찍부터 시작된다. 여자아이들은 정치적, 경제적 영향력을 위해 노력하기보다 화장과 옷과 아름다움에 시간과 돈을 투자하며 남성들의 눈길을 끌어야 한다고 배운다. 이런 형태의 여성성은 가부장제와 소비 지향적 이데올로기를 찬양한다. 미디어교육가 진 킬본(Jean Kilbourne)이 강조했듯 광고는 상품 이상의 많은 것을 판매한다. 광고는 가치와 이미지를 팔며 사랑과 성, 낭만과 성공, 정상 개념을 판다. 우리가 누구인지, 어떤 사람이 되어야 하는지는 대부분 광고가 말해준다.[66] 드라마, 영화, 청소년 소설 같은 오락 매체도 마찬가지이다. 이것들 모두가 이데올로기적 내용을 전달하고, 젊은 여성(또는 남성)이 주체로서 어떻게 스스로를 정의할지를 결정한다. 당연히 광고는 상업화된 이성애적 여성성을 찬미하고 강화하며, 그를 통해 그 이미지에 맞지 않는 모든 차이를 멸시한다.

커뮤니케이션학자 나오미 존슨(Naomi Johnson)은 청소년 소설에 등장하는 상업 제품과 서비스의 소비가 여성성의 문화적 규범과 얼마나 긴밀한 관계를 맺고 있는지를 조사했다.[67] 가장 많이 소비된 틴에이저 책과 드라마 『가십 걸』『에이 리스트(The A-List)』『클리크(The Clique)』[68]에 등장하는 상품 소비와 여성성의 관계를 분석했다. 분석 결과, (특정 상표와 제품 라인 형태의) 소비가 주인공들의 낭만적, 성적 소망과 밀접한 관련이 있었다. 책의 경우 주인공들의 일상적 관계를 담은 장면들에서 옷과 화장에 대한 설명이 매우 상세하다. 주인공들은 명품 옷과 화장을 경쟁자들을 물리치고 좋아하는 남자아이의 환심을 사기 위한 수단으로 활용한다. 또 몸매와 얼굴을 서로 비교하고 점수를 매겨서, 비싼 샌들을 신고 선탠한 갈색 피부를 뽐내는 경쟁 상대 친구들보다 자신의 점수가 더 높으면 몰래 좋아한다.

존슨은 이런 장면들이 편협한 여성관을 전달하며, 결국 득을 보는 쪽은 독자가 아니라 기업과 상인들이라고 주장한다. 특히 돈이 없어 그런 비싼 제품을 살 수 없거나 예쁘고 날씬하게 태어나지 못한 여성들은 불이익을 당할 수밖에 없다. 낭만을 표방하는 소설과 영화, 여성지와 광고는 기존의 미의 관념을 강화할 뿐 아니라 누가 사랑받고 누가 미움을 받을지도 결정한다. 스웨덴 모델 아르비다 비스트룀(Arvida Byström)은 제모하지 않은 다리로 화보를 찍었다는 이유로 수많은 악플을 받았고 심지어 강간 협박까지 받았다. 자연스러운 여성의 신체가 터부시되면 소비자본주의는 기뻐서 춤을 춘다.

그러나 시대가 원하는 미의 이상을 구현한 젊은 여성은 신분의 상징으로 전락한다. 남성 경영자들은 사업 파트너와 미팅을 할 때 젊은 여성들의 에스코트를 받고 부유한 남자들은 자신의 신분 가치를 예쁜 여자('트로피 와이프')의 미적 가치와 교환한다. 그 여성들의 기능은 남성의 경제적 힘을 과시하는 것이다. 사회학자 에바 일루즈(Eva Illouz)는 이런 맥락에서 자아의 '상품화(commodification)'를 거론했다. 여성들이 사치품이 되어 상품과 닮아가는 것이다. 나아가 일루즈는 낭만 자체가 상품이 되어버렸다고 주장한다.[69] 삶에 낭만적 광채를 입히기 위해 낭만적 아우라를 내뿜는 비싼 상품과 서비스를 적극 소비한다. 호화로운 식당에서 촛불을 켜고 식사를 하고, VIP만 가는 온천에서 주말을 보내며 여자 친구에게 비싼 장신구를 선물한다. 돈과 여가는 낭만적 만남의 중요한 요인이다.

비싼 스포츠카이건 명품 가방이건 해외여행이건 자신의 몸이건, 소비는 (바라는) 사회적 신분을 과시하고 남들과 나를 구분하며 평균적인 대중이 따라오지 못할 저 높은 곳으로 나를 데려간다. 목표는 더 높은 집단에 소속되기 위한 불평등 조장 및 강화이다. 특정 소비재에 돈을 투자하지 않으면 가치가 떨어지고 기회가 줄고 심한 경우 중요한 인맥을 잃을 수도 있다. 따라서 소비는 항상 자유로운 결정이 아니다. 여성의 신체가 그러하듯 소비는 수많은 영역에서 사회적 강제가 된다. 최대한의 소비를 조장하기 위해서는 계속해서 문제 부위를 새로 만들어내야 한다. 수영복을 입으려면 겨드랑이 부유방, 허벅지 승마살을 각종 시술로 제거해야 하고 헬스장에서 열심히 운동해서 축 늘어진 무릎살을 없애야 한다. 소비 트렌드는 빛의 속도로 바뀌고, 그것을 쫓아가려면 아무리 돈을 물 쓰듯 뿌려도 헉헉댈 수밖에 없다.

2

도덕적
우월감

유기농이라는 사치

역사학자 제이슨 테베(Jason Tebbe)는 2016년 미국 잡지 〈자코뱅
(Jacobin)〉에 '21세기 빅토리안'[70]이라는 제목의 글을 발표했다. 그
의 논지는 19세기 부르주아지가 계급 지배를 위해 도덕을 이용했
는데 요즘 엘리트들도 똑같은 짓을 한다는 것이다. 당시나 지금이
나 시민 계급은 자신들이 다른 계급보다 도덕적으로 우월하다고
믿는다. 가령 먹을거리가 그렇다. 유기농 식품은 히피들이나 먹
는 가소로운 음식이었지만 이제는 시민 계급의 윤리적 필수품으
로 자리 잡았다. 자신과 환경을 위해 누가 봐도 좋은 일을 하고 싶

다면 유기농 제품을 사고 공동 텃밭을 가꾸고 도시 농부가 되어야 한다. '글루텐 프리' 제품마저 인기가 치솟아서 요즘엔 마트마다 매대 하나씩을 차지하고 있다.

19세기 부르주아지는 잘 먹어 나온 배를 부의 척도로 여겼지만 그들의 영적 후손들은 올바르고 건강한 식습관에 푹 빠져 있다. 식품 가격도 예전과 정반대여서 칼로리 폭탄은 값싸고 채소는 비싸졌으며 뚱뚱한 몸은 부의 증거가 아닌 싸구려 음식과 도덕적 해이의 증거로 변질되었다. 테베는 이 새로운 식습관이 빅토리아 시대 사람들이라면 자랑스러워했을 윤리적 자기부정의 한 형태라고 주장한다. "우리 할아버지가 오래오래 살기만 하셨어도 할아버지처럼 감자와 오이 농사를 지으면 촌놈이 아니라 상류층이 된다는 사실을 아셨을 텐데 말이다."

이런 새로운 라이프 스타일에 대한 기대가 돈과 시간을 요하는 것은 우연이 아니다. 자식에게 모유를 먹여야 한다는 도덕적 정언 명령 역시 시민 가치의 상징적 표식이다. 그렇게 되면 일하느라 모유를 먹이지 못하는 엄마들을 향해 도덕적으로 해이한 인간이라고 손가락질을 할 수 있다. 아이에게 모유 수유를 할 수 있는 능력은 한 가정의 경제적 상황이 아니라 도덕을 비추는 거울이 된다. 물론 의식 있는 식습관 그 자체가 나쁜 것은 아니다. 하지만 그것이 한 계급의 우월함을 표현하고 사회 불평등을 정당화하는 데 사용된다면 문제가 될 수 있다.

2008년 세계적인 크리스털 재벌 스와로브스키의 상속인 피오나 스와로브스키(Fiona Swarovski)는 수입이 적은 사람들에게 경제 위기를 슬기롭게 극복할 수 있는 절약법을 조언했다. 테라스에 자리가 남거든 거기에 채소를 심어 먹으면 된다는 것이었다. 가난한 사람들이 테라스 딸린 집에서 살 수 없다는 생각은 백만장자 상속인의 머리에 들어갈 수 없었을 것이다. 빵이 없어? 그럼 케이크를 먹으면 되지! 아마 피오나는 직접 구운 빵을 먹을 것이다. 그녀가 말하기를, 건강한 식재료를 구입하고 패스트푸드를 멀리하면 돈도 절약할 수 있다면서 자신은 오래전부터 유기농 계란과 우유를 사고 제분기로 밀가루를 만들어 직접 빵을 굽는다고 자랑했으니 말이다. 가난한 노동자는 그럴 시간도 돈도 없다는 사실은 중요하지 않다. 어차피 좋은 약은 입에 쓰고, 좋은 조언은 비싼 법이니까.[71]

나는 구입한다, 고로 나는 지속 가능하다

'지속 가능성' 역시 자제와 포기를 권할 때가 아니라 주로 소비의 맥락에서 언급된다. 복잡한 지구 문제를 해결하는 간단한 방법은 개인들이 지속 가능한 제품이나 서비스를 구매하는 것이라고들 한다. 우리의 일상적 구매 실천이 윤리적 소비 결정의 기회로 상품화된다. 윤리 그 자체가 소비 품목이 되어버린 것이다. '크루얼티 프리(cruelty free)'(동물 실험을 하지 않고 동물성 원료 사용을 배제한다

는 뜻—옮긴이)나 '녹색(green)' 같은 말로도 대체되는 '윤리적'이라
는 말 자체가 착한 마음으로 가격 대비 성능 좋은 구매를 할 수 있
는 제품이 되었다. 따라서 이제 상품의 용도는 욕망 충족, 결핍 해
소, 보상이 아니라 구매자가 스스로를 도덕적으로 착한 사람이라
고 느낄 수 있게 해주는 것이다.

리딩대학교 환경·개발학과 교수 마이클 굿먼(Michale Goodman)
은 말했다. "로빈 후드가 카페라테를 들고 도시로 온다."[72] 구매자
에게 지속 가능한 소비자가 된 느낌을 주는 것, 바로 그것이 성공
을 보장하는 판매 및 매출 전략이다. 디자인 유리 용기에 코코넛
오일을 담으면 몇 배로 비싸게 팔 수 있다. 코코아 같은 영양가 많
은 식품에 '슈퍼 푸드'라는 딱지를 붙이면 금방 불티나게 팔린다.
신분을 의식하는 소비자의 필굿(Feelgood) 욕망이 특별 마진을 낳는
셈이다.

여행업계에서도 친환경 여행이 새로운 성장 시장으로 떠오르
고 있다. 환경을 보호하고 더 나아가 그 지역의 공익 프로젝트에
기부도 하는 책임감 있는 여행이다. 스스로를 '여행자'라고 부르
는 사람들이 배낭에 양심을 한가득 담고서 세계 오지로 떠난다.
환경을 생각해서 비행기는 타지 않지만, 그들은 사실 스리랑카나
미얀마 '소프트 여행'보다 발리 패키지 상품이 훨씬 생태발자국을
덜 남긴다는 사실을 모른다. 현지에 가면 4성급 통나무집을 갖춘
친환경 숙소와 죄책감 없는 휴가가 제공된다. 휴가 내내 신으려고
새로 장만한 공정 무역 조깅화는 "달려라 그리고 바다를 지켜라"

라는 광고 문구가 마음에 들어 산 신발이다. 독일 소비자 보호 기관인 슈티프퉁 바렌테스트마저 "양심을 지킬 수 있다"며 칭찬한 제품이 아니던가.

시장, 판매, 마케팅, 광고의 노련한 메커니즘은 당연히 지속 가능성의 영역에서도 잘 작동한다. 전도유망한 소비 세계는 끊임없이 욕망을 일깨운다. 계속해서 새로운 자극을 주어 이미 없는 게 없는 사람들에게 이번에는 친환경 제품을 구매해보라고 부추긴다. 녹색 제품과 서비스를 선택한 사람들은 두 가지 목적을 이룬다. 지구를 구하겠다는 개인의 목적과 기업의 매출과 성장, 이 두 가지 목적에 기여한다. 공정 제작 스마트폰이나 플라스틱 병을 재활용한 배낭을 구매하는 것은 소비재를 더 집중 소비하면서도 양심을 지킬 수 있다는 생각에서 출발한다.

하지만 이런 생각은 제품 제작의 환경 영향만을 고려할 뿐, 진정한 환경 보호가 무엇인지 묻지 않는다. 소비를, 제품을 아예 포기하는 것이 진정한 자유일 테고 나아가 더 지속 가능한 세상을 만드는 길일 것이다. 그러나 그런 태도는 시장 친화적이지 않고 기업에 유익하지 않으며 소비 지향적 상류층의 자기 과시에도 별 도움이 안 된다.

포기하지 않더라도 환경에 더 유익한 다른 전략들도 많지만 그것들 역시 도덕적 자기 과시에는 별 도움이 안 된다. 코펜하겐의 유명 패션 매장에서 바이오 면 스웨터(오가닉 코튼)를 사는 것보다는 패스트 패션 할인 매장에서 중고 스웨터를 사서 섬유 쓰레기를 줄이는 쪽이 환경에는 더 유익할 것이다. 하지만 그러면 남들에게 자신의 우월한 양심과 지위를 자랑할 수가 없다. 패스트 패션의 소비는 윤리적 자기 연출에 해가 되기 때문이다. 요즘은 과시용 구매 동기가 '나에게 좋은 일을 한다'에서 '남들에게 좋은 일을 한다'로 이동하고 있으니 말이다.

대형 마트에서 버린 식료품을 찾아내서 소비하는 사회 운동인 덤스터 다이빙(dumpster diving)은 한 걸음 더 나아가 책임감 있는 식품 소비 의식을 일깨운다. 그러나 그런 방식의 소비는 각자의 가정 경제에는 도움이 될지 몰라도 식료품 제조 시스템의 지속 가능성에는 기여하지 못한다. 또 신분 과시에도 별 도움이 안 된다. 소비재 시장을 그냥 지나치는 것은 금욕과 다름없어서 선행을 하고 있다는 도덕심을 선사하지 못한다. 이와 달리 마트 대신 시장에 가고 비닐 대신 종이 포장을 사용하는 배달 업체에 물건을 주문하거나 젠트리피케이션이 한창인 지역의 프리사이클링(pre-cycling, 쓰레기를 사전에 줄인다는 의미로 생분해 제품만 쓰는 일 등을 일컬음—옮긴이) 숍을 찾는 제로 웨이스트 트렌드는 적어도 대도시 친환경계에서는 신분 점수를 올릴 수 있다.

사회학자 매슈 애덤스(Matthew Adams)와 제인 레이스버러(Jayne Raisborough)는 공정 무역 제품의 소비를 세계화의 수혜자로서 양심의 가책을 줄이기 위한 중산층의 노력이라고 해석한다. 소위 제 3세계 공정 무역 농부들의 사진을 제품 포장지에 싣고 그들은 자기 잘못으로 가난한 것이 아니므로 '도움받을 자격이 있는 빈민

(deserving poor)'이라고 홍보한다. 하지만 정작 자국의 빈민들에게는 '도움받을 자격이 없는 빈민(undeserving poor)'이라는 딱지를 붙이고 손가락질을 한다.[73] 그리고 그런 (윤리적으로 비난받을 만한 소비자) 집단에 비한다면 자신들은 정말이지 도덕적으로 행동하는 인간이라고 자부한다.

시민 계급의 신분 상징: 유기견 입양, 자전거, 요리 포스팅

도덕적 우월감을 실행에 옮기자면 돈과 시간이 든다. 믿을 수 있는 사육사에게서 순종 사냥개를 분양받는 대신 유기견 센터에 가서 더러운 유기견을 입양한다. 유기견 입양을 독려하는 광고 문구도 유행이다. "사지 마세요. 입양하세요." 동물과 신뢰를 쌓는 데 필요한 시간과 동물병원에 갖다 바쳐야 하는 돈은 남들에게 외치는 확성기와 같다. 아무도 부러워하지 않겠지만 나는 이 아이가 소중하고 또 이런 아이를 키울 능력도 있다! 바로 이것이 진짜 신분이다.

기술과 친하고 자유를 사랑하는 도시인들의 자아 인식에서 신분은 더 이상 중요한 기준이 아니다. 현대의 도시인은 무엇보다 일과 여가의 균형을 추구하기에, 중요한 출장이나 비싼 시계에 가치를 두지 않는다. 하지만 알고 보면 그들은 다른 방식으로 신분을 과시한다. 어떤 환경에선 스포츠카가 자랑거리가 될 수 있겠지만 젊고 많이 배운 대도시인들에겐 자전거가 새로운 신분의 상징이다. 자전거는 칭찬의 눈길과 스포티하고 힙하며 돈이 많다는 이미지를 선사하는 과시 용품이다. 특수 제작 카본 프레임, 현대식 전기 동력 장치 등등. 대중에게 자신의 사회적 지위를 과시할 수만 있다면 지갑은 아무리 얇아져도 상관이 없다. 자전거 말고도 자유로운 직업, 누가 봐도 지속 가능성을 추구하는 라이프 스타일, 시간과 여유를 뽐내는 삶의 질 역시 신분의 상징이 된 지 오래다. 그러니까 자신의 명성과 외부에서 보내는 인정의 눈길이 중요하지 않은 것은 아닌 것이다. 더불어 특별한 경험, 재미난 친구들, 문화적 개방과 관용의 태도 등 비물질적인 요소들도 중요한 신분 상징이 되었다.

대도시 중산층의 또 다른 신분 상징은 육식의 포기이다. 수많은 언론 보도, 블로그, 책, 유튜브 채널, 공개적으로 채식을 선언한 사람들 때문에 우리는 많은 이들이 이미 채식을 하고 있다고 생각하기 쉽다. 하지만 음식문화학자 다니엘 코팔(Daniel Kofahl)에 따르면 채식을 하는 사람은 소수에 불과하다. 다만 이들의 미디어 활동이 활발할 뿐이다. 시골에선 식당 메뉴에서도 식료품점에서도 채식 식단을 찾아보기 힘들다. 그리고 대도시에서조차도 평범한 음식에 공연히 채식 라벨만 붙여서 새로운 소비 수준으로 격상시킨 경우가 적지 않다. 예전부터 먹었던 토마토소스 스파게티가 요즘엔 블로그에 올려 자랑하는 비건 음식이 된다. 그러니까 관건은 포장과 라벨이다. 채식주의의 기본 사상은 환경을 보호하고 동물의 고통을 줄이자는 것이다. 매우 강력한 도덕적 정언 명령이다. 하지만 이런 도덕적 우월감은 앞서도 말했듯 특별한 특징이 아니다. 채식이 아니라 고기를 먹건 아유르베다 원칙에 따른 식사를 하건, 음식 전체가 신분의 상징이며 구별의 특징이 되어버렸다. 오늘날의 영양 담론에는 어느 사이 종교적 측면까지 스며들어 있다.

환경 보호도 특권이다

지속 가능성과 관련된 불평등은 전 지구적 차원에서도 확연하게 드러난다. 세계적으로 볼 때 국가 차원에서는 굳이 환경 보호를 선택할 필요가 없는 것이 특권이다. 서구 국가들은 거침없는 자원 낭비와 흥청망청 라이프 스타일의 악영향을 거의 받지 않는다. 환경 문제 유발에 가장 기여도가 낮은 사람들이 가장 큰 타격을 받고 있다. 쓰레기가 대표적이다. 독일 같은 복지 국가들이 못 쓰는 전자 제품을 가나로 실어 보낸다. 그 결과 폐기된 전자 제품의 화학 물질에서 나온 발암 성분이 인근 주민들과 아크라 앞바다의 물고기에 침투한다. 글로벌 격차만이 아니라 한 나라 안에서도 특권층은 환경 영향을 훨씬 덜 받는다. 도시 빈민들은 대부분 유해 물질 오염과 차량 소음, 열섬 현상이 높은 지역에 거주한다.[74]

그러나 개인 차원에서는 환경 보호가 특권이다. 금강산도 식후경이다. 독일 작가 베르톨트 브레히트도 말했다. "먼저 먹어야 도덕도 있지." 지속 가능한 라이프 스타일은 먼저 그럴 능력이 되어야 누릴 수 있다. 남들보다 도덕적인 인성을 갖추자면 조건이 갖추어져야 한다. 일상을 친환경 기준에 맞추려면 지속적인 자기 교육과 굳건한 확신이 필요하다. 아시아에서 수입한 대나무 칫솔이 자기 나라에서 플라스틱으로 생산한 칫솔보다 더 자원을 보호할까? 내가 콩 제품을 구입하면 원시림이 훼손될까? 이런 이유 때문에라도 친환경 소비는 유식하다는 우월감과 한패다. 원하건 원치 않건 농약 뿌려 키운 싸구려 커피를 할인 매장에서 구입하는 사람들을 깔보게 된다. 도덕적인 주체로서 돈이 없고 시간이 없으며 소비 문제에 무지한 사람들을 속으로 무시하게 된다.

하지만 더 나은 세상의 비전은 인간에 대한 관심과도 함께 가야하지 않을까? '무지한 인간들'을 배제하는 독선적 경계 짓기야말로 1차적으로 해결해야 할 문제가 아닐까? 환경과 건강을 생각하는 신중한 식습관은 교육 및 수입과 매우 긴밀한 관련이 있다. '도덕적으로 비난받아야 할 사람들'에게 방어의 안전지대에서 걸어 나오라고 애걸할 것이 아니라 자신이 먼저 자신의 안전지대에서 걸어 나와 다른 사람들의 관점을 들여다보는 쪽이 더 의미가 있을 것이다. 정직한 공동체는 윤리적으로도 바람직해야 하는 게 맞다. 하지만 그런 공동체는 물질적 차이나 교육 수준의 차이가 도덕적 불평등으로 이어지지 않고 서로 다른 시각을 관용으로 대할 수 있을 때 생겨난다.

7

관심

우리가 알아서 카메라를 살 것이고,
아무도 우리를 봐주지 않을까 봐
벌벌 떨게 되리라는 것을
오웰은 미처 예상치 못했다

— 키스 로웰 젠슨

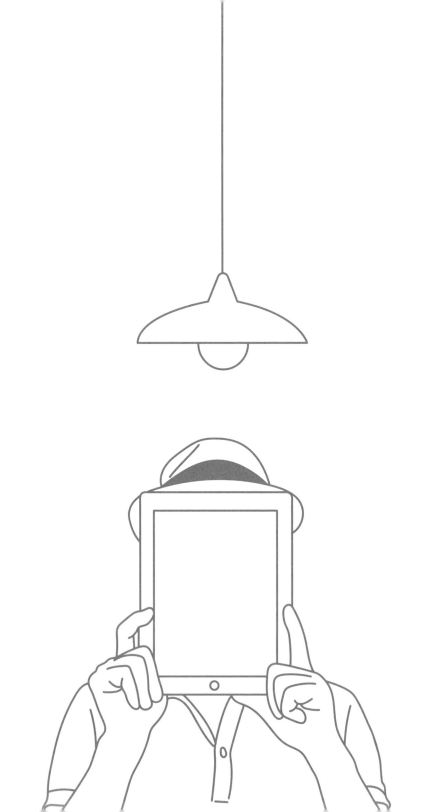

관심은 현대의 화폐다. 사람들은 소셜 미디어 플랫폼에서 관심으로 값을 치르고, 플랫폼들은 다시 이 관심을 애널리스트와 홍보대행사에 판매한다. 페이스북, 트위터, 인스타그램에서 많은 관심을 받기 위해(혹은 적어도 그런 인상을 풍기기 위해) 유저들은 '좋아요'와 팔로워 숫자를 높이려 돈을 투자한다. 관심을 끄는 재주로 돈을 버는 사람들도 있다. 타인의 구매 결정에 결정적인 영향을 미치기 때문에 기업이나 호텔, 식당에서 지원을 받는 소위 '인플루언서'와 이름만으로도 사람들을 끌어 모으는 유명인들이 대표적이다.

수용 가능한 것보다 많은 정보가 계속해서 쏟아지는 세상에서 관심은 소중한 희귀 자원이 된다. 성공 여부가 친구와 팔로워, 좋아요와 리트윗의 숫자를 통해 디지털로 측정 가능하다. 자신의 디지털 행동반경이 곧 인기의 척도다. 자신을 최대로 잘 팔아야 한다는 압박감이 가상 세계를 넘어 실제 일상으로까지 뻗어나간다. 외향성과 셀프 홍보가 지상 최대의 원칙이 된다. 이에 대해 1장에서 알아보고자 한다.

관심은 무엇보다 빛나는 가상의 연출로 얻을 수 있다. 그 미화의 수준이 심지어 원래 모습을 도저히 알아볼 수 없을 지경에 이른다. 디지털 자아의 분출력이 실제 자아의 앞길을 밝혀준다. 성공과 행복을 이루어야 한다는 압박감이 평범한 일상의 필수 동반자가 된다.

2장에서는 그러한 과정이 실제 세계를 바라보는 시선을 얼마나 바꿀 수 있는지 살필 것이다. 삶의 모든 순간은 디지털 홍보의 자료이자 인스타그래머블(instagrammable, '인스타그램에 올릴 만한'이라는 뜻의 조어―옮긴이)이 된다. 여행사 홍보에도 '거기서 셀피를 찍으면 좋아요가 보장된다'라는 문구가 빠지지 않는다. 멋진 셀피는 스릴과 재미를 암시한다. 일상은 역동적인 '여행 중 존재'로 연출되지만 동시에 전체주의적 자기 감시이기도 하다.

1

외향성이
규범

내향인이 인정받지 못하는 사회

우리 인생에는 우리가 어쩌지 못할 것들이 많다. 성별이 그렇고, 태어난 나라가 그렇고, 인종과 성적 취향이 그러하다. 이런 특징들이 삶에 어느 정도나 영향을 미칠 수 있는지에 대해서는 많은 논의가 진행되고 있다.

그러나 또 한 가지 요인은 지금껏 거의 논란의 주제가 되지 못했다. 바로 인성 유형이다. 여기서 인성 유형이란 어떤 사람이 내향적인가 아니면 외향적인가를 말한다. 이는 다시 혼자 있어야 에너지 탱크가 채워지는지 아니면 사람들하고 있을 때 힘이 솟는지,

사람이 많이 모이는 행사에 참석하면 불끈 힘이 나는지 아니면 거꾸로 에너지가 고갈되는지에 달려 있다. 내향성을 흔히 수줍음과 혼동하기 쉽지만 둘은 전혀 다른 개념이다. 수줍음은 사회적 판단에 대한 불안을 뜻하며 행동 차원에서 일어난다. 따라서 원한다면 고치려 노력할 수 있다. 하지만 내향성과 외향성은 존재의 핵심에 뿌리를 내린 인성 특징이다. 따라서 유년기, 교육, 직업 선택, 자기 분야에서 성공할 수 있는 기회, 인간관계, 친구와 파트너 선택 등 삶의 거의 모든 영역에 영향을 미친다.

우리 사회의 가치 시스템은 외향성의 이상에 젖어 있다. 행복하려면 사람들과 잘 어울려야 하고 자의식이 넘쳐야 하며 매사에 개방적이어야 한다고, 그래야 삶을 열정적으로 살 수 있다고 생각한다. 자신을 믿고 최대한 자신을 잘 '홍보'할 수 있는 능력은 노동시장에서 갖추어야 할 기본 조건이다. 베스트셀러 『콰이어트』의 저자 수전 케인(Susan Cain)은 이런 문화에서는 내성적인 사람들이 외향적인 사람들처럼 행동해야 한다는 압박감에 시달린다고 주장한다. 진지하고 조용하며 성찰하는 그들의 스타일이 인정을 받지 못하기 때문이다.[75]

또한 이런 사회적 상황 탓에 내성적인 사람들이 겪는 불안 심리는 심리적 문제로 포장되기 일쑤다. 그래서 사람들이 많이 모이는 곳에서 마음이 불편하고 낯선 사람과 말을 섞기가 불안하면 그건 '대인공포증'이다. 스스로 무가치하고 작아지는 느낌이 들면 자신감 결여이고, 스스로에게 과도한 요구를 하면 '열등감'이다. 그러나 반대로 외향적인 사람들이 겪는 문제를 정신 질환으로 해석하는 경우는 드물다. 외향적인 사람이 한 이틀 혼자 집에 처박혀서 사람을 못 만나는 바람에 마음이 불안하다고 해서 그에게 심리적 문제가 있다고 보는 사람은 없으니 말이다.

일을 하는 방식 역시 내성적인 사람들에게는 맞지 않는 기준을 따른다. 요즘 직장에서는 팀 작업과 집단 사고가 주도적 원칙이다. 팀 조직은 다양성 원칙에 따르며 부서 간 통합도 서슴지 않는다. 팀원들 간에는 고도의 협력, 개인적 접촉과 협의 과정이 요구된다. 그리고 그를 위해 집단 역동 세미나, 팀 구축 프로그램, 비공개 회의가 추가된다. 하지만 내성적인 사람들은 혼자 있어야 아이디어나 해결책이 떠오르고, 충분히 고심한 뒤에야 남들에게 자신의 제안을 공개할 수 있다. 상황을 완벽하게 파악한 후 질적으로 뛰어난 결과물과 확실한 해결 방안을 마련하는 것이 이들의 동기이기 때문이다. 반면 외향적인 사람들은 아직 완성되지 않은 생각도 별문제 없이 남들 앞에서 발표할 수 있다. 지속적으로 피드백을 받고 남들과 접촉하며 남들의 인정을 받는 것이 행동 동기이기 때문이다.

물론 여기서도 흑백 논리는 바람직하지 않다. 내성적이기만 한 사람도, 외향적이기만 한 사람도 없다. 외향적인 사람에게도 내성적인 측면이 있고 내성적인 사람에게도 외향적인 측면이 있을 수 있다. 그럼에도 성향이란 것은 분명 있어서 안을 향하는지 밖을 향하는지, 혼자 있어야 힘이 생기는지 사람들과 있을 때 힘이 솟구치는지를 판단 기준으로 삼을 수 있을 것이다.

요즘엔 학교에서도 팀 원칙이 득세한다. 모둠 활동, 협동 과제, 단체 학습을 통해 직장에서 날로 중요해지는 팀워크 능력을 가르치자는 것이다. 혼자 생각할 시간이 필요해 즉석에서 아이디어나 의견을 내지 못하는 조용한 아이들, 능력이 뛰어난데도 집단에서 두각을 드러내지 못하는 아이들은 불이익을 당한다. 지금의 학교 시스템에서는 이들의 특성이 좋지 않은 평가를 받는다. 성적이 좋으려면 수업 시간에 발표를 잘해야 한다. 내향성은 약점이 된다. 한참 생각을 정리한 다음에 말을 하는 사람은 거침없이 자기 의견을 발표하는 사람보다 확신이 없어 보인다. 앞으로 잘 나서지 않으려는 사람은 매사에 팔 걷어붙이고 앞장서는 사람보다 자신감이 떨어져 보인다. 게다가 조용히 혼자 있기를 좋아하는 청소년들에게는 '외톨이', '괴짜', '아웃사이더', '너드', '문제아'처럼 비하의 뜻이 담긴 온갖 별명이 따라붙는다.

이런 집단적 사고의 원칙은, 실제로 혁명적인 발명과 그 활용은 회의장보다 독자적인 고민과 골몰에서 탄생한다는 사실을 생각하면 더욱 아이러니하다.[76] 협력을 새로운 아이디어의 기본 조건으로 보는 것(머리 여럿이 하나보다 똑똑하다)은 역사적으로 볼 때도 의문의 여지가 많다. 팀 이벤트와 대형 사무실은 혁신적 아이디어에 날개를 달아주지 못한다. 창의력이 솟구치려면 조용히 혼자 있는 시간이 필요하다. 알베르트 아인슈타인도 말했다. "나는 혼자 있기를 좋아하는 사람이다. 2인용 자전거나 팀 활동에는 쓸모가 없다.” 퍼스널 컴퓨터의 개발자이자 애플의 공동 창업자인 스티브 워즈니악(Steve Wozniak)은 항상 혼자 일을 했다. 주로 세상이 잠을 자는 밤에 했다. 그는 회고록에서 청소년들에게 혼자 일하라고 조언했다. 캘리포니아 버클리대학교의 한 연구팀은 건축, 수학, 과학, 기술, 시, 문학 분야에서 획기적인 업적을 쌓은 사람들을 같은 분야에서 그러지 못한 사람들과 비교해보았다.[77] 이 대규모 인성 테스트의 결과는 창의적인 사람들이 내성적이라는 것이었다. 그 말이 내성적인 사람들이 항상 더 창의적이라는 뜻은 아니지만 창의적인 사람들 중에는 내성적인 사람이 매우 많다는 증거가 된다. 이는 혼자 있어야 창의력과 생산력이 샘솟는다는 사실과도 관련이 있을 것이다.

내성적인 성격이 바람직하냐 아니냐는 분야나 과제 종류에 따라 달라질 것이다. 하지만 분명한 것은 타고난 성격대로 살기가 점점 힘들어지는 분야가 적지 않다는 사실이다. 가령 학계와 예술계가 그렇다. 경쟁하는 서비스 시장, 출판 시장, 관심 시장이 득세하면서 예전처럼 내성적인 학자나 예술가로 살기가 불가능해졌다. 혼자 사색하는 사상가들의 집 안으로까지 비즈니스 정신이 침투한 것이다. 자기 작품의 ‘임팩트’를 키우려면 연구 결과나 작품을 최대한 잘 ‘플랜팅’ 하고 ‘네트워킹’ 해야 하며 프로젝트를 성사해 인용이나 전시의 형태로 최대한 많은 관심을 끌어야 한다. 학계에도 프로젝트 팀이 늘어나면서 혼자 조용히 연구할 수 있는 기회가 자꾸 줄어든다. 예술대학 입학시험은 캐스팅 쇼를 방불케 한다. 자기 연출 능력과 남들의 관심을 끄는 기술을 선보이기 위해 경쟁자들끼리 우정을 맺고 눈물을 줄줄 흘려야 한다.

누구하고나 격의 없이 친해져라

자신감을 드러내고 남들에게 먼저 다가가고 자신의 '안전지대'를 벗어나야 한다는 압박은 일찍부터 시작된다. 미지의 상황과 사람에 적응하려면 시간이 필요한 사람은 사회적으로 볼 때 문제가 있다. 심지어 격의 없이 행동하지 못하는 사람은 경직되었다고 보는 분위기도 많다. 물론 모닥불을 피워놓고 허심탄회하게 자기 이야기를 털어놓는 자리라면 처음 보는 사람들끼리도 쉽게 다가갈 수 있을 것이다. 하지만 어느새 이런 원칙이 전혀 뜻밖의 분야에까지 침투했다.

일례로 이런 워크숍이 있었다. '스마트폰을 이용한 자기 연출과 자기 감시의 패러다임적 행위로서의 셀피'라는 주제로 빈에서 열린 워크숍이었는데, 어색한 분위기를 풀겠다는 명목으로 참가자들에게 세 사람씩 조를 짜서 서로 마사지를 해주라고 시켰다. 학술 워크숍에 그런 신체적 거리 없애기 시간이 있을지 누가 예상이나 했겠는가. 물론 빠른 시간 안에 친밀한 분위기를 조성하기 위한 재미난 워밍업 정도로 볼 수도 있다. 하지만 말 한마디 나눠본 적 없는 생판 낯선 사람하고 의학적인 이유에서도 아니면서 밀접

접촉을 해 분위기를 풀자는 생각이 적절하다고, 좋은 아이디어라고 생각하지 않는 사람들도 많다. 그런 사람들은 자신들이 딱딱하게 구는 것이 아니라 그런 마사지가 지나친 침해라고 생각한다.

우리 사회의 매체들은 한창 신체 변화를 겪는 10대 청소년들에게도 항상 자기 몸에 당당하라고 권유한다. 독일 캐스팅 쇼 〈저먼스 넥스트 톱 모델〉에서는 열여섯 살 여자아이에게 벗은 몸으로 낯선 남자와 은밀한 포즈를 취해보라고 요구한다. 그걸 불쾌하게 느끼는 사람은 융통성이 없는 거라고 치부한다. 심지어 자신이나 타인과 맺는 원래의 자연스러운 관계에 문제가 생겼다고도 비난한다. 청소년의 자연스러운 거리감과 수치심도 마치 결함인 양 조롱하고 약점이라고 손가락질한다. 정체성 형성 과정에 있는 청소년들에게는 이런 메시지가 치명적이다. 특히 내성적인 10대 초반 아이들에겐 더욱 치명적일 것이다. 그 아이들은 자기가 비정상이라고 생각하여 외향적 인간으로 살아가려 애를 쓸 것이고 그 결과 재능과 에너지를 낭비하고 불만 가득한 삶을 살게 될 테니까 말이다.

사회성을 가르치는 각종 코치들

외향성을 지향하는 세상에서 새롭게 탄생한 직업군이 있다. 성공을 도와주겠다고 약속하는 코치들이다. 요즘 TV 프로그램을 보면 코치 없이는 전 국민이 실패의 나락으로 떨어질 것만 같다. 식당 주인, 요리사, 살찐 사람, 운동 못하는 사람, 패션 감각 없는 사람, 빚을 많이 진 사람, 육아에 지친 부모, 개 주인, 창업자, 위기에 빠진 부부, 연애를 못하는 싱글, 그 모두가 코치의 조언을 받는다. 그리고 그 조언을 받기 위해 자신의 속내, 세상과의 관계를 만방에 공개한다.

원래 코칭은 기업의 자문 형태로 기반을 다졌지만, 지금은 삶의 모든 분야에 코치가 있다. 심지어 청소와 자기 정체성에도 코치가 필요하다. 이처럼 적용 분야는 확대되었지만 비즈니스 원칙과 전략을 지향하던 초기의 방향은 별로 변하지 않았다. 그래서 최고의 원칙은 여전히 목표에 맞춘 효율성이다. 자기 성찰보다 미래를 향한 행동을 우선으로 삼는다. 심리는 더 이상 복잡한 내면세계가 아니라 활용해야 하는 자원이다. 그렇다 보니 치료와 교정이 된다고 해봤자 표면에 머물 뿐이다. 신청인이 자력으로 결정을 내릴 수 있도록 권한을 주기보다 무조건 해결책을 제시한다. 따라서 코칭은 시장에 적응하도록 도와주는 지침이다. 우리는 경쟁이 요구하는 것을 바라고 할 수 있어야 한다. 빠른 결정과 행동, 자기 확신과 성과의 능력을 갖추어야 하는 것이다.

사회학자 울리히 브뢰클링은 이런 맥락에서 그 뒤편에 숨은 스포츠의 비유를 지적한다. 코칭을 받으면 실력이 늘고 숨은 잠재력이 발휘된다. 이런 스포츠의 원리가 삶의 모든 영역으로 확장된다. 하지만 스포츠와 달리 다른 영역에선 모두가 코치가 될 수 있다. 코치를 판단할 합의된 기준도, 실력 보장도, 직종 협회도 없다.

그렇다 보니 가격도 들쭉날쭉하고, 독특한 아이디어와 뻔한 메시지를 남발하는 코치들이 각광을 받는다.

코칭은 내성적인 사람들에게 어떻게 하면 외향성 위주 문화에서 잘 기능할 수 있는지를 가르치는 적응 수단이라고 볼 수 있다.[78] '네트워킹'이나 '소셜라이징', 성과 지향적 대화 기술 같은 것이 대표적이다. 소셜 네트워크는 21세기 사회의 중요한 자원 중 하나로 꼽힌다. 특히 노동 시장에서 높이 평가되는 자원이다. 닫혀 있던 문을 열어줄 수 있으니 말이다. 이처럼 우리 사회가 외향성의 특징에 맞추어 만들어진 만큼 내성적인 사람들은 자꾸만 자신이 이상하다고 생각하게 된다.

네트워킹 이벤트, 미팅, 단골 술집 모임, 공동 식사, 퇴근길 맥주 한잔이 누군가에겐 인간관계를 넓히고 심화시킬 좋은 기회일지 몰라도 누군가에겐 생각만 해도 토할 것 같은 괴로운 시간이다. 따라서 여기서도 새로운 시장이 열린다. 수많은 코치들이 돈을 받고 네트워킹 기술과 대화법을 가르친다. 이를테면 70-20-10 공식("시간의 70%는 남을 돕는 데, 20%는 자신을 자랑하는 데, 10%는 남들에게 도움을 청하는 데 사용하라!")이나 두 개의 바지 주머니 트릭("명함을 받으면 충분히 감사 인사를 한 후 계속 관계를 유지하고 싶은 사람의 명함은 왼쪽 바지 주머니에, 두 번 다시 상종하고 싶지 않은 사람의 명함은 오른쪽 바지 주머니에 넣는다. 그럼 나중에 버릴 때 편하다") 같은 조언들이 쏟아진다.

타인에게 전략적으로 접근하기를 거부하거나 사회가 원하는 반응 속도보다 느리고, 그로 인해 스트레스 지수가 치솟는 사람들은 그야말로 낭패다. 내성적인 사람들이 바로 그런 경우다. 내성적인 사람들은 자극이 넘치는 환경에서는 자주 쉬면서 밀려드는 인상을 정리하고 처리해야 한다. 외향적인 사람들보다 조용히 혼자 있는 시간이 훨씬 많이 필요하다. 그런데 우리의 직장에서는 그러기가 쉽지 않다.

내성적인 사람들의 특성을 경시하고, 그들을 너무 느리다거나 너무 수줍음이 많다거나 너무 자신감이 떨어진다고 인식할 경우 그것 역시 일종의 사회적 불평등을 초래한다. 사람의 특성이 '성공한' 삶으로 이끄는 조건이 되면 그것은 개인의 일상적 기회에도 큰 영향을 미친다. 그런 특성은 태어날 때 이미 정해진다. 그러나 인종, 출신, 성별처럼 누가 봐도 명백한 특징들과 달리 내향성을 사회적 불평등의 한 범주로 보는 시선은 아직 미미하다. 지금껏 공적 담론에서 그 문제가 거의 주제로 떠오르지 않았던 것도 한 가지 원인일 터이다. 따라서 일단 이 문제의 가시성을 높이는 것이 내성적인 사람들의 부적응 부담을 줄이는 의미 있는 첫걸음이 되리라고 본다.

2

인기 있는
디지털 자아

산책도 인테리어도 '좋아요'를 위해

인터넷은 슬프지 않다. 소셜 미디어 플랫폼의 유저들은 인생의
긍정적 순간들을 사진과 영상에 담아 올리면서 행복하고 인기 있
는 사람으로 자신을 연출하느라 바쁘다. 자기 연출의 중심에 개인
의 위기나 이별은 없다. 인기 있는 디지털 자아를 홍보하는 것이
그보다 더 중요하기 때문이다. 또 남들에게 집단 소속을 알리기
위해 서로의 사진에 링크를 걸거나 서로의 영상에 열심히 댓글을
단다. 수많은 삶의 순간들이 오직 이미지를 위해 탄생하고, 그것
으로 남들의 가상 시선을 붙잡고자 한다. 성공적인 디지털 마케팅

이라는 전제는 이미 우리의 언어에도 뿌리를 내렸다. 시내 산책은 '인스타워크스(instawalks)'가 되고 자기 집 실내 인테리어는 '인스타그래머블'해야 한다.

이런 명칭들은 삶의 현실을 만들어내는 획일화된 미학을 입증한다. 유저들은 긍정적 반응을 보고서 어떤 사진이 제일 잘 먹히는지 알게 되고, 그런 종류의 사진을 더 많이 생산한다. 아침 식사용 그린 스무디, 주말의 꽃꽂이, 햇살 밝은 실내의 빈티지 책상에 놓인 디자인 북, 해변에서 파트너와 찍은 행복한 셀피, 헬스클럽 거울에 비친 근육, 파티를 시작하기 직전 웃고 떠드는 친구들의 단체 사진, 직접 구운 채식 케이크, 의욕을 북돋는 짧은 말 한마디……. 젊고 창의적이며 돈 많은 이들 중 하나로 자신을 드러내어 최대한 많은 관심을 얻으려는 사람들은 묻지도 따지지도 않고 서둘러 이런 영상 언어와 가상의 내용을 모방한다. 심지어 휴가지도 포토 로케이션의 잠재력에 따라 평가된다. 최고의 사진 배경을 찾는 비결이 온라인에 넘쳐나고, '좋아요를 보장하는 엄청난 셀피가 가능한 휴가지 다섯'[79] 같은 제목도 눈에 띈다. 반응이 폭발하는 외부 효과가 정언 명령이 된다.

인기는 친구들 사이에서만 중요한 것이 아니다. 포스팅으로 얻을 수 있는 측정 가능한 관심 면에서도 인기는 매우 중요하다. 디지털 자아의 자기 홍보 활동은 사회적 관심이라는 불문율을 향한다.

소외, 질투, 우울

가상의 온라인 연출이 일상의 중요한 요소로 부상하면 남들에게 잘 보이려고 온갖 술수를 쓰게 되고 당연히 그것 자체가 스트레스 요인이 될 것이다. 심한 경우 진짜 자신의 감정이 무엇인지 헷갈릴 수도 있다. 온라인에서 퓨디파이(PewDiePie)로 유명한 펠릭스 아르비드 울프 셸베리(Felix Arvid Ulf Kjellberg)가 대표적인 사례다. 1억 명 이상의 구독자를 보유해 구독자 수 1위를 자랑하던 유튜버인 그는 자신의 채널에 브이로그('비디오'와 '블로그'의 합성어로, 자신의 일상을 동영상으로 촬영한 영상 콘텐츠—옮긴이)를 지속적으로 올렸다. 그러다 2016년 브이로그를 그만 찍겠다고 선언하면서 정기적으로 영상을 만들기가 너무 힘들고 부담스러웠다고 고백했다. 즐겁고 스릴 넘치던 영상 속 일상과는 전혀 다른 고백이었다. 나중의 영상에서 그는 브이로그 제작이 세계관을 바꾸었노라고 말했다. 브이로거들은 현실을 보지 않는다. 재미나게 산다는 인상을 줘서 최대한 조회 수를 올리기 위해 브이로그에 담을 수 있는 사건만을 본다.

유튜버 로건 폴(Rogan Paul) 역시 흥미로운 사건을 찾아 조회 수를 올리고 싶은 마음이 현실을 가리는 정신 상태에 이르렀다. 그러다 '자살 숲'으로도 알려진 일본 아오키가하라 숲에서 급기야 미친 짓을 저질렀다. 그곳에서 실제 자살로 죽은 시신을 발견하자 카메라를 줌인 하여 시신을 자세히 촬영하고 즉각 유튜브 계정에 올렸다. 이내 쏟아진 분노의 물결을 타고 수많은 유튜버들이 어떻게 인간이 그 지경까지 갈 수 있느냐고 물었다. 미국 드라마 〈브레이킹 배드〉에 출연한 에런 폴(Aaron Paul)도 분통을 터트렸다.

젊은 러시아 여성 마리나 로니나(Marina Lonina) 역시 스마트폰 앱 페리스코프로 라이브 영상을 자주 찍었다. 그런데 당시 열일곱 살이던 친구가 술이 취한 상태에서 강간을 당했을 때도 그 영상을 찍었다. 성범죄가 벌어지는 동안에도 친구 걱정보다 조회 수와 좋아요 숫자를 올리고 싶은 마음이 더 컸던 것이다. 결국 경찰에 신고를 한 사람은 그 라이브 영상을 보던 유저였다.

인생의 흥미로운 단면을 온라인으로 연출하려는 충동은 자신뿐 아니라 타인에게도 고통을 안길 수 있다. 자신과 자신의 환경에서 소외되는 것은 물론이고 그 영상을 보는 사람들에게서 질투심을 유발하기 때문이다. 소셜 미디어가 등장하면서 초 단위로 남들과 나를 비교할 수 있게 되었다. 스마트폰으로 24시간 내내 가상 공간의 친구들과 그들의 성공을 지켜볼 수 있다. 그것이 현실과 같지 않다는 사실을 잘 알면서도 그런 가상 자기 연출의 영향을 받지 않을 수가 없다. 700명 이상의 대학생을 대상으로 실시한 미주리대학교의 연구 결과에 따르면, 질투심 어린 시선으로 타인의 업데이트를 지켜보다 보면 자기 삶에 대한 불만이 가중된다고 한다.[80] 심한 경우 이 불만이 우울로 발전할 수도 있다. 영상이 그만큼 강력한 힘을 발휘하는 것이다.

소셜 미디어를 많이 이용하면 자신마저 타인의 눈으로 바라보게 된다. 물론 그것 자체는 특별할 것이 없다. 자기 연출은 인간 존재의 중요한 요인이며, 사회학자 어빙 고프먼(Erving Goffman) 역시 1959년『자아 연출의 사회학』에서 이 사실을 지적한 바 있다.[81] 개인들은 자기 연출을 통해 타인에게 남기는 인상에 큰 관심을 둔다. 무대에 선 배우가 관객이 지켜보고 있다는 사실을 알고 자신의 행동을 최대한의 효과에 맞추듯이 소셜 네트워크에서도 사람들은 특정 목표 집단에게 인상을 남길 만한 내용을 선택하고 짜맞춘다. 모든 인간에게는 긍정적 자기 연출과 인정의 욕망이 있다. 그 사실은 의문의 여지가 없다. 하지만 인스타그램에 언제 무슨 사진을 올릴지 궁리하다 못해 그에 맞춰 하루 일과를 짜는 수준에 이르렀다면, 인생의 황금 같은 시간을 성공적인 가상 연출이라는 한 가지 목표에 투자하는 것이 과연 얼마나 보람 있을지 고민해볼 때다.

관심의 양이 모든 걸 좌우한다

소셜 네트워크에서 누리는 인기는 특히 '디지털 네이티브'라고 불리는 젊은 층에게 대단히 중요하다. 인스타그램 팔로워가 많으면 또래 집단에서 명성을 누릴 수 있다. 트위터 팔로워 숫자 역시 디지털 인기도에서 빼놓을 수 없는 부분이다. 들어주는 사람이 많으면 소위 말발도 잘 먹힐 것이다. 특히 마케팅과 광고 분야의 경우 학력이나 경력보다 디지털 영향력이 직업 전망을 더 크게 좌우한다. 그만큼 영향력을 구축할 능력을 갖추었다는 증거일 테니까 말이다.

그래서 요즘엔 팔로워나 좋아요를 많이 얻는 방법을 알려주는 사이트도 있다. 심지어 일정 수의 팔로워를 돈 주고 사는 방법도 있다. 외견상의 관심과 가상의 영향력을 돈과 교환하는 것이다. 특히 단기간에 소셜 미디어 팔로워가 급증한 정치인들에게 그런 의심과 비난이 많이 쏟아진다. 2017년 오스트리아 자유당 대표는 페이스북 친구가 하룻밤 사이에 4만 500명이나 늘어서 오스트리아 국민당 대표의 팬 숫자를 추월했다. 그는 그것이 실제 계정이라고 주장했지만 국민당은 '수십만 개의 가짜 계정'이 존재한다고 추정했다. 2018년 미국 대통령의 트위터 팔로워는 5250만 명이었다. 하지만 그중 4분의 1 이상은 진짜가 아니라 알고리즘에 의한 것이었다.[82]

노출 빈도를 높이는 또 하나의 전략은 파트너 관계를 맺는 것이다. 맞팔, 즉 서로 친구 맺기 방법으로 서로의 계정에 클릭을 해줘서 관심의 숫자를 늘린다. 그 알고리즘은 마태 효과에 기반한다.(마태 효과란 마태복음의 구절, "무릇 있는 자는 더욱 받아 풍족하게 되고, 없는 자는 있는 것까지도 빼앗기리라" 대로 부익부 빈익빈 현상을 말한다. 1969년 미국 사회학자 로버트 머튼(Robert K. Merton)은 사실상 동일한 연구 성과를 놓고도 저명한 과학자들이 무명의 과학자들에 비해 많이 보상받는 현실이 앞서와 같은 마태복음 구절로 요약된다고 주장했다 ― 옮긴이) 관심을 받는 사람에게 관심이 쏟아진다. 좋아요가 많을수록 노출이 많이 된다. 인기는 더 많은 관심을 낳고 더불어 더 많은 인기를 불러온다. 많은 유저들이 이 점을 중요하게 생각한다. 페이스북 친구 목록과 인스타그램 팔로워 숫자가 신분의 상징이 되고 디지털 가치를 반영하기 때문이다.

그 결과 심한 경우 영향력이 적은 유저의 의견은 아예 묵살하는 사태가 벌어진다. 특히 젊은 소셜 미디어 인플루언서와 대부분 더 젊은 그들의 팬들 사이에서 더욱 그런 현상이 두드러진다. 팔로워 숫자가 적은 사람이 비판 의견을 내면 "누구세요?"라는 비아냥 섞인 대답으로 묵살해버린다. 비판의 내용은 중요하지 않다. 가소로울 정도로 낮은 그 사람의 인기만이 기준이 된다. 너 대체 누구야? 아무도 널 몰라. 비판하는 사람의 팔로워 숫자가 많으면 그의 비판도 정당성을 얻는다. 하지만 팔로워가 4000명밖에 안 되는 루저가 2만 5000명이나 되는 위너를 비판한다면 그건 가소로운 짓이다. 대표적인 사례가 최근 트위터에서 벌어진 유튜버 로건 폴과 코믹 배우 크리스 델리아(Chris D'Elia) 간의 설전이다. 크리스가 앞서 언급했던 자살 숲 영상을 비난하자 두 사람 사이에 설전이 벌어졌다. 로건과 그의 팬들은 계속해서 크리스가 대체 누구인지 모르겠으며 같이 대화를 섞기에는 너무 늦었고 돈도 많이 못 벌며 무엇보다 팔로워 숫자가 너무 적다고 끊임없이 비아냥거렸다. 하지만 크리스는 말려들지 않고 더 이상의 댓글을 달지 않음으로써 설전을 끝내버렸다.

해시태그, 온라인 자아의 이벤트화

　가상의 연출을 위해서는 적합한 포즈와 조명, 적합한 영상 제작 능력이 필요하겠지만 그에 못지않게 시간과 의지, 그리고 돈이 필요하다. 해상도 높은 카메라가 장착된 스마트폰이나 스크린 주변으로 부드러운 빛을 던져 얼굴의 잡티가 잘 드러나지 않게 하는 휴대전화 케이스는 돈이 있어야만 장만할 수 있다. 유저들은 연출된 사진으로 다양한 메시지를 전달하고자 한다. 휴가지에선 '나 여기 있어', 요가 시간에는 '나 이거 할 수 있어', 생일 선물 포장을 뜯을 때는 '나 이거 가졌어'라고 말한다. 그리고 그 모든 사진과 영상에 공통된 메시지는 '난 무언가를 체험하고 있어'이다. 그것이 때로 가장 센세이셔널한 영상을 노리는 경쟁으로 변질될 수 있다. 유명인과 함께 찍은 셀피나 송신탑 꼭대기에서 찍은 셀피가 도서관에서 찍은 셀피보다 당연히 더 많은 좋아요를 받기 때문이다.

　이렇듯 모두가 경쟁하듯 가장 스펙터클한 장면을 찾다 보니 사고도 적지 않고 심지어 생명을 잃는 경우도 생긴다. 2018년 오스트레일리아의 한 부부가 리스본 근교 휴양지 에리세이라에서 셀피를 찍다가 40미터 높이의 담에서 떨어져 사망했다. 2015년 많은 언론이 셀피를 찍다가 죽는 사람이 상어에 물려 사망한 사람의 숫자보다 많다는 흥미로운 뉴스를 전했다. 물론 비교의 적절성 여부는 생각해봐야 할 지점이다. 상어를 만나는 사람보다 셀피를 찍는 사람이 훨씬 많기 때문이다. 또 상어를 만나면 위험하다는 사실은 대부분의 사람들이 인지하고 있기 때문에 피하려고 노력할 테지만 스마트폰을 자기 얼굴로 향하는 것이 위험하다고 생각하는 사람은 없다. 따라서 이 비교가 통계적으로 유의미한 결과를 내놓지는 못하겠지만 그럼에도 위험한 모험의 아우라로 일상을 포장하고픈 충동이 얼마나 만연한지 알 수 있다. 질투와 칭찬을 담은 타인의 시선이 얼마나 간절하면 그 많은 사람들이 생명의 위험을 무릅쓰면서까지 사진과 영상을 찍어댄단 말인가.

체험 지향은 영상뿐 아니라 해시태그에서도 잘 드러난다. 해시태그란 소셜 네트워크 서비스에서 특정 내용을 편리하게 분류, 검색할 수 있게 만든 핵심어이다. 가령 스스로를 '여행자'라고 칭하는 유저들이 많다. 국제 호스텔에서 하룻밤만 묵어도 이런 현상을 금방 몸으로 느낄 수 있다. 서구의 지폐로 값싼 낙원에서 잘 지내면서 나름의 '대안 여행' 콘셉트를 실천하는 '배낭여행자'는 제외하더라도 소셜 미디어 채널에는 말도 안 되는 '자칭 여행자'들이 넘쳐난다. 뉴욕으로 도심 휴가를 떠나서 맨해튼과 브루클린 밖으로는 한 발짝도 안 나가거나, 자신과 연령대와 계층이 다른 사람과는 절대 접촉하지 않는 사람들도 그에 속한다. 이들 '여행자'는 빈티지 쇼핑 투어를 마치고 젠트리피케이션이 한창인 브루클린의 카페에서 노트북을 펼쳐놓고 휴식을 취한다. 집에서 하던 행동과 똑같은데 장소만 다르다. 물론 여행자의 자격 요건을 정하는 기준은 없다. 하지만 소셜 네트워크에 이런 자칭 개념들이 넘쳐나는 것 또한 사실이다. 그런 식의 집단적 자기 유형화의 충동은 대체 어디서 오는 것일까?

소셜 미디어 유저의 다수는 '저니(journey)', 즉 비유로서의 여행을 하는 중이다. 그냥 살을 빼는 것이 아니라 '웨이트로스 저니' 중이며, 그냥 운동을 시작한 게 아니라 '피트니스 저니'를 시작한다. 그냥 요가를 하는 게 아니라 '요가 저니' 중이며 그냥 경험에서 배우는 게 아니라 인생이라는 이름의 여행을 하는 중이다. 또 평범하기 그지없는 모든 활동을 '어드벤처'라는 이름을 붙여 이벤트화한다. 버섯을 찾으러 숲에 들어가도 모험이다. 댄스 수업 신청을 하고 그것을 온라인에 '뉴 어드벤처 어헤드(new adventure ahead)'라는 타이틀로 자랑을 한다. 자고로 모험이라 하면 일정 정도의 위기, 잠재적 위험을 담아야 한다. 대체 이 사람들은 어떤 위험을 기대하는 것일까?

연출된 일상의 단면을 사진으로 찍어 #여행자, #여행, #모험 같은 해시태그를 다는 행위는 온라인 자아의 이벤트화와 체험 지향의 표현이다. 이벤트는 액션, 재미, 집단 도취 등 오락을 목표로 삼는 체험의 약속이다. 그렇기에 특별히 재미난 인생을 찾기 위한 공동의 자아 연출 기회를 제공한다. 사람들은 다른 체험의 세계로 들어가기 위해 수많은 소비 수단을 선택한다. 나이트클럽, 전시회, 운동 경기, 패션쇼……. 하지만 사건이 넘쳐나는 자아상을 만들어내 관심을 끌려면 이것만으론 부족하다. 온라인 자아의 성공적인 체험 마케팅은 지극히 일상적인 활동의 이벤트 성격을 부각하는 쪽으로 나아가고 있다. 친구와 자전거를 타고 요리를 해도 이벤트가 된다.('오늘은 완전 짱 케이크를 만들었어요. 정말 재미있었어요!') 그러나 애타게 바라던 타인의 시선은 오지 않는다. 그런 사람들을 보며 '와, 정말 인생 재미나게 사네!'라고 외칠 사람은 많지 않다. 오히려 '얼마나 사는 게 재미가 없으면 케이크 하나 구우면서 저 난리를 칠까?'라고 생각할 테니 말이다.

네트워크 감옥과 자기 검열

일상의 순간을 자발적으로 기록하고 공개하는 행위는 포스트모던적 감시 구조로 해석될 수 있다. 그래서 이런 현상이 코미디언들의 개그 소재가 되기도 한다. 오스트리아 코미디언 미하엘 니아바라니(Michael Niavarani)는 페이스북을 '자발적 기반의 비밀 경찰'이라고 부른다. 코미디언 키스 로웰 젠슨(Keith Lowell Jensen)은 트위터에 이런 글을 남겼다. "우리가 알아서 카메라를 살 것이고, 아무도 우리를 봐주지 않을까 봐 벌벌 떨게 되리라는 것을 오웰은 미처 예상치 못했다." 빅 브러더가 우리를 지켜보고 있다. 아니 우리를 지켜봐주었으면 좋겠다!

이쯤 되면 절로 제러미 벤담의 이상적 감옥 모델이 떠오르지 않을 수 없다. 철학자 미셸 푸코가 평생 매력적이라고 생각했던 감옥 말이다. '팬옵티콘' 감옥은 원형이고 감방은 그 원형 벽을 따라 붙어 있으며 한가운데에는 감시탑이 있다. 이 탑에서는 모든 감방을 볼 수 있지만 감방에 든 죄수는 탑 안을 볼 수 없다. 따라서 자신이 관찰당하고 있는지 아닌지 확신할 수가 없다. 죄수들은 당연히 벌을 면하고 싶기에 늘 관찰당한다고 가정하며 생활할 것이다. 시간이 흐르면 이런 기분이 몸에 배어서 나중에 감옥에서 나온 후에도 자신의 행동을 스스로 규제한다. 푸코는 팬옵티콘의 주요 효과가 이처럼 죄수들에게 의식적이고 지속적인 가시성의 상태를 조장하는 것이라고 주장한다. 그래야 권력 행사가 보장되기 때문이다.[83] 죄수들은 감시당하고 있다는 사실을 늘 유념해야 하지만 결코 확신할 수는 없다. 그 상태가 지배와 통제의 내면화를 불러오며, 푸코는 이를 생명권력(bio-pouvoir)이라고 부른다.

팬옵티콘의 규제 효과는 페이스북으로도 이월이 가능하다. 페이스북의 가상 팬옵티콘에선 감시자와 죄수의 명확한 구분이 없다. 유저는 감시자이자 죄수이고 관음증 환자이자 노출증 환자이다. 서로를 관찰하고 서로 어떤 내용을 어떻게 공유할지를 판단한다. 팬옵티콘 효과는 모두가 항상 관찰당할 수 있다는 사실을 안다는 데 있다. 따라서 개인은 아무것도 숨기는 것이 없을 때까지 스스로를 규제한다. 이런 규제 행동은 광범위한 결과를 낳을 수 있다. 가령 억압당할지 모른다는 두려움에 유저들이 자신의 의견을 억누르게 된다.

이런 두려움은 얼토당토않은 것이 아니다. 앞으로는 미국 비자를 신청하려면 트위터나 페이스북 등의 소셜 네트워크 계정을 제출해야 한다는 것이 미국 국토방위부의 주장이다. 물론 아직까지 결정된 사항은 아니다. 미국이 이렇게 얻은 정보로 무슨 짓을 할 것인지도 불명확하다. 하지만 혹시 미국에 비판적인 글을 올리거나 미국 대통령을 풍자했다가 임시 체류 기간이 줄어들지도 모를 일이다. 그와 관련된 공식적인 정보는 없지만 어쨌든 이런 종류의 통제가 위축 효과를 발휘해 자기 검열을 하게 만들 수는 있을 터이다.

전체적으로 볼 때, 네트워크만큼 타인의 시선이 중요하고 또 타인의 시선에 영향을 미칠 수 있을 것 같은 착각이 많은 곳도 없다. 사람들은 가상의 스포트라이트를 더 밝히기 위해 돈을 투자하고 생명의 위험까지 무릅쓰며, '제일 강력한 브랜드는 너 자신이다' 따위의 조언을 남발하는 '퍼스널 브랜딩 전문가'나 '휴먼 브랜딩 전략가'에게 손을 내민다. 그를 통해 얻은 디지털 인기로 다시 투자금을 회수할 수도 있다. 인플루언서들이 대표적인 사례이다. 설사 상업적인 이익이 없다 해도 자기 연출은 그 자체로도 상당히 달콤하다. 잘 수정한 얼굴로 한 주에도 몇 차례씩 디지털 박수를 받을 수 있다. 잡티와 주름을 제거하거나 10킬로그램을 감량해 온라인 자아를 잘 관리해주는 앱이 수두룩하다. 활력 및 체험을 의미하는 '젊음' 현상이 더 강력한 기세로 뻗어나간다.[84] 젊음은 나이의 문제가 아니라 세상을 바라보는 태도의 문제이다. 따라서 젊음의 시기는 무한정 연장이 가능하며 사진 보정 작업 덕분에 시각적으로도 오래 젊음을 유지할 수 있다.

그러나 디지털 관심이라는 이 새로운 화폐를 얻기 위한 경쟁은 고단하고 힘들다. 정보의 도구, 만남의 플랫폼, 소통과 인정의 수단으로 탄생한 디지털이 우리도 모르는 사이 실제의 자아를 넘어서고 심지어 이것을 위협할 수 있다. 우리는 침몰하고 낙오되어 아무도 모르는 인간이 될 수 있으며 멸시와 조롱거리가 될 수 있다. Who are you? 누구세요?

8

정치

남의 어리석음보다
자신의 어리석음에 더 관대한 것이 인간이다

— 엘리자베스 라에터

민주주의는 유권자들에게 다양한 아이디어와 콘셉트와 모델과 정책을 내놓아야 한다. 정치가는 합당한 논리로 무장한 유익한 정책으로 공정한 경쟁을 벌여야 한다. 그런데 현실은 그렇지가 않다. 정책의 내용은 거칠어지고 왜곡되며, 진위 여부를 따져야 하고(가짜 뉴스), 웹에서는 추종자를 가짜로 만들어내고, 논리는 정책의 내용이 아니라 정적 개인을 향한다. 예전 같으면 정치가가 정적을 인신공격하거나 상대의 신체적 약점이나 건강을 트집 잡으면 비난을 받았다. 그런 짓은 기껏해야 극단적 정당의 대표들이나 저지르는 예외적인 현상이었다. 그런데 지금은 그런 무지막지한 짓을 너도나도 저지르고 있다. 관심이 정치가 개인에게로 향하면서 논리나 이데올로기는 저 뒷전으로 밀려난다. 좀 극단적으로 말하면 지금은 선거에 출마한 인물이 국가를 위해 무엇을 할지가 중요치 않다. 얼마나 호감 가는 사람인지, 같이 맥주 한잔하고 싶은 사람인지가 더 중요하다. 정책보다 인물을 보고 정치가를 뽑는 세상인 것이다.

1장에서는 상대가 나와 다르다는 이유만으로 적으로 삼는 사회적, 심리학적 배경을 짚어볼 것이다. 또 적의 이미지 말고도 음모 이론과 소위 '대안 사실(alternative facts)' 같은 다른 단순화 형태들도 살펴볼 것이다. 단순함을 바라는 마음은 온갖 미디어 채널에서 피곤할 정도로 쏟아지는 과도한 자료 및 정보와 관련이 있다. 복잡함을 줄이는 것이 스트레스 해소에도 큰 도움이 될 테니 말이다.

2장에서는 여러 정치 진영의 유권자들을 살펴볼 것이다. 서로를 깎아내리고 서로의 태도를 병리화하며('우리는 불안을 진지하게 생각해야 합니다'), 토론을 망치는 유권자들의 태도를 분석해본다.

1

정치적으로 다르면
무조건 적

다양성이 피를 흘리고 있다

요즘엔 세계관이 다르다는 이유만으로 서로 등지는 사람들이
점점 늘고 있다. 나와 생각이 다른 사람은 우리의 존재를 위협하
는 나쁜 인간이라고 인식하는 것 같다. 다채롭고 열린 민주주의
의 기틀은 의견의 자유다. 그 말은 내가 동의할 수 없는 의견도 인
권 규약에 위배되지 않는다면 항상 관용으로 대해야 한다는 뜻이
다. 관용이라고 해서 다른 입장에 동조하라는 것이 아니다. 거슬
리더라도 '남'의 생존권을 인정하라는 것이다. "당신하고 생각이
같지는 않지만 당신이 그 생각을 발언할 수 있도록 하는 데 내 삶

을 바칠 것이오." 프랑스 국민의회에서 한 의원(볼테르라는 주장이 많다)이 했던 말이다. 반대와 인정의 결합에서 건설적 토론이 탄생한다. 관용적 태도만이 동의하지 않는 의견을 반박할 여지를 만들 수 있다. 무관용은 상대의 의견에서 존재의 권리를 박탈하려 한다. 상대의 의견을 무찌르거나 금지하려 한다. 아예 들어오지 못하게 문을 잠가서 손쉽게 처리해버리려 하는 것이다. 그 결과 진정한 다양성이 피를 철철 흘린다.

　독일의 계몽주의 작가 고트홀트 에프라임 레싱(Gotthold Ephraim Lessing)의 희곡 『현자 나탄』(1779년 작품으로 현자 나탄의 인간적인 행위와 신앙을 통해 이슬람교와 유대교, 기독교가 본질이 같은 하나님의 정신에서 비롯했음을 역설하는 내용—옮긴이)은, 인간은 진리를 찾는 사람일 뿐이고 진리를 소유한 자가 아니므로 독선에 빠져서는 안 된다는 기본 사상을 전한다. 진리를 찾는 자의 태도는 다른 이를 향한 호기심과 관용과 이해다. 자신이 옳은지 확신할 수 없다면 다른 의견과 태도를 존중해야 할 것이고, 그것은 다시 건설적 대결과 토론을 가능하게 한다.

　물론 쉬지 않고 새로운 주제에 관심을 기울이고 해묵은 주제도 다시 따져보며 자신의 태도를 성찰하기란 말처럼 쉽지는 않다. 하지만 그것이야말로 자유주의 질서 유지의 기본 조건이다. 비판적 논의는 우리의 정치, 사회 시스템을 위태롭게 하지 않으며 오히려 활력을 선사한다. 자유주의의 기본 질서는 계몽주의를 통해 종교의 독점이 무너지면서 발전할 수 있었다. 물론 그로 인해 개개 사회 구성원은 네스트로이(Johann Nepomuk Nestroy, 1801~1862, 오스트리아의 희극 작가이자 배우—옮긴이)의 표현대로 '자유의 셔츠 소매'에 싸여 스스로 세계상을 찾아야만 하는 불만스러운 상황에 처했다.

매사에 의미를 따지다 보면 우울해질 수 있다. 반대로 딱 정해진 세계관은 삶에 방향과 의미를 부여한다. 그렇기에 명확한 규칙 시스템은 엄청난 매력을 발휘한다. 그것이 누군가에게는 요가일 수도 있고 뜻이 같은 사람들과 규칙적으로 만나 함께 하는 신체 활동이나 영적 활동일 수도 있다. 또 누군가는 극단주의로 향할 수 있다. 이러한 움직임을 통해 정체성을 구축하고 무엇을 생각하고 무엇을 해야 할지 습득한다. 사회가 세속화되면서 잃어버렸던 의례적인 공동생활에 참여할 기회를 갖기도 한다. 그렇게 삶은 의례를 통해 조직되고 확정된 가치관과 행동 방식으로 채워진다. 그것이 든든한 버팀목이 되지만 다른 한편으로는 우리 실존의 불안과 무상함을 망각하고 거부하게끔 만들기도 한다.

적개심은 복잡함을 줄인다

크리스티안 바이스게르버(Christian Weissgerber)는 청소년 시절 6년 동안 독일 튀링겐의 네오나치 집단에서 활동했다. 스물한 살에 그곳에서 빠져나왔고 이후 교육과 강연을 통해 극우주의의 위험성을 알리는 데 힘쓰고 있다. 그는 인터뷰에서 이런 말을 했다.

조직에서 나오기 전에는 매일 아침 눈을 뜰 때마다 누가 나쁜 놈인
지 알았다. 지금은 그런 확실함이 사라졌다. 그래서 적지 않은 사람
들이 우울증을 앓는다.[85]

바이스게르버의 말은 복잡한 세상에서 단순함과 명확한 방향
을 바라는 우리의 욕망을 아주 적확하게 짚는다. 고정관념이 그러
하듯 적개심도 방향을 제시한다. 뿐만 아니라 타인을 배제하거나
제거하려는 태도를 정당화해 때로 파괴적 잠재력까지 발휘할 수
있다. 밖에서 위험이 몰려오고 있다는 시나리오는 대부분 강한 지
도자가 이끄는 '민족' 동질성의 신화 및 진정한 '민족의 목소리'가
되라는 요구와 결합해 목표를 이루기 위한 수단으로 사용된다. 의
견이 다른 사람은 민족을 모욕한 것이니 우리 민족이 아니다. 그
런 방식으로 개인 혼자서는 느끼지 못하는 자존감을 집단에서 길
어낼 수 있다. 우파 극단주의는 민족 말고는 어떤 정체성도 갖지
못하는 사람들을 동원하는 능력으로 민주주의와 시민 사회 제도
에 도전장을 내민다. 심리학자 아르노 그륀(Arno Gruen)은 『민주주
의 수호 투쟁(Der Kampf um die Demokratie)』에서 이렇게 말한다.

극우주의자에게는 정체성이 없다. 정체성처럼 보이는 것은 실상 권
위자, 복종, 그에 맞는 전형적인 남성 영웅주의 역할과의 동일시이다.
이 모든 것은 진정한 자아와 최대한 멀리 떨어진 자아, 열등감을 느
끼고 강한 남자인 체하며 의식에서 멀어진 자아의 주위를 맴돈다.[86]

타인에게서 악을 보면 흑백 논리에 따라 자신의 세상은 자동적으로 선이 된다. 부정적 적개심이 긍정적 자아상을 불러낸다. 윤리적 혹평은 남들을 우리 사회에서 배제할 수 있는 효과적인 핑곗거리다. 그륀은 세상에 접근할 때 위험을 전제로 하느냐 아니면 호기심으로 다가가느냐가 어린 시절의 경험에 좌우된다고 주장한다. 어린 시절 어른들에게서 자신의 감정과 인식을 인정받지 못해 위협받는 경험을 많이 한 경우, 아이는 자라 기피와 거부의 태도로 세상을 대하게 된다. 시선은 위험을 향하고 인식은 위험한 세상에서 살아남기 위한 방향으로 축소된다. 낯선 것은 불안과 불신을 조장하고 분노와 공격성이 실존과 생존의 핵심이 된다. 혹은 심리학자 카를로 스트렝거(Carlo Strenger)의 말대로 '인간 행동의 가장 깊은 동기는 자유에 대한 두려움'[87]일지 모른다. 어린 시절 처벌과 멸시를 두려워했던 사람들은 무엇을 신뢰할 수 있는지, 무엇이 위험할 수 있는지 잘 구분하지 못한다. 변화와 새로운 것을 무조건 위험하다고 생각하기에 불신과 거부로 반응하게 된다. 그 반대편에는 자신의 인식과 욕구를 자아의 핵심으로 만들 수 있었던 아이들이 자리하고 있다. 이 아이들의 경험에서 세상은 안전하고 편안한 곳이다. 따라서 이들은 낯선 것을 보면 불안이 아니라 호기심을 느끼고 주변 세상에서 자극과 발전 가능성을 찾는다.

위험한 세계관과 적개심은 음모 이론과도 밀접한 연관이 있다. 이해할 수 없고 불확실한 것 뒤편에 숨은 조종꾼을 찾고 싶은 욕구는 음모 이론에서 특히 잘 드러난다. 맹목적 우연이란 있을 수 없다. 세상만사에는 뚜렷한 의도가 있다. 그 어떤 질문에도 대답이 없을 수 없다. 세상은 예측과 통찰이 가능하고 구조가 단순하며 쉽게 설명할 수 있어야 마땅하다고 생각하는 사람들이 이런 이론에 동조하기 쉽다. 재앙의 책임을 누군가에게 전가하면 앞으로는 재앙을 막을 수 있고 세상을 쉽게 이해하고 조종할 수 있을 테니까 말이다.

이 분야의 연구 결과들을 보면 ─어떤 이론이건─ 한 가지 음모 이론에 동조한 사람은 또 다른 음모 이론에 동조할 확률이 매우 높다고 한다. 심지어 두 이론이 서로 모순되는 경우에도 그러하다. 다이애나 왕세자비가 교통사고로 죽은 것이 아니라 영국 비밀경찰에게 살해되었다고 믿는 사람들은 그녀가 지금까지 안 죽고 외딴섬에서 도디와 같이 살고 있다는 이론에도 동조한다.

이뿐이 아니다. 믿는 사람의 수가 적을수록 그 이론을 믿는 사람들은 더욱 자신이 옳다고 확신하며, 그래서 자신이 특별하다고 느낄 확률이 높다. 남들은 언론이나 정부의 거짓말에 속아 넘어가지만 자신만은 절대 속지 않고 기밀을 알아내는 특별한 사람이라는 우월 의식이야말로 음모 이론의 동조에 크게 기여하기 때문이다. 이런 '좋은' 기분은 특히 자기 삶을 자기 뜻대로 하기 힘든 사람들이 필요로 한다. 음모 이론은 정치적 중도보다 좌우 양극단에서 많이 나타나며, 그중에서도 우익 쪽의 빈도가 훨씬 높다.

민주주의를 공격하는 가짜 뉴스

자신의 세계관을 유지하는 데에는 확증적인(confirmatory), 다시 말해 자신이 옳다고 확인해주는 정보가 최고의 수단이다. 인간은 의도적으로 자기 시각을 확증하는 정보를 찾는다. 반대로 자신의 시각을 반박하는 사실들은 의도적으로 외면한다.

잠재적인 반론은 무조건 거짓말로 낙인찍어버린다. 특히 우파 포퓰리스트들이 자신과 입장이 다른 뉴스를 '가짜 뉴스'라고 공격하는 경우가 잦다. 비판적 저널리즘과 정치적 다름은 반대 이데올로기일 뿐 아니라 자신의 라이프 스타일을 파괴하려는 적이다.

자유 언론에 대한 이런 공격의 의도는 누가 봐도 뻔하다. 기자의 임무는 사태를 객관적으로 따져 조사하는 것이다. 어떤 주제에 대한 중요한 입장을 모두 조사하여 세상에 알려야 한다. 그렇다 보니 기사가 우리 생각과 일치하지 않거나 마음에 들지 않을 때가 있다. 하지만 자유 언론은 자유 사회를 떠받치는 기둥이다. 민주주의를 위해서 꼭 필요한 것이다.

권위주의 정권은 자유 언론을 부정하고 공격한다. 다양한 의견은 그러한 정권에 공포를 부추긴다. 지성인의 깬 의식과 적극적 참여는 바람직하지 않다. 그것이 정권의 권력과 합법성을 위협할 것이기 때문이다. 그래서 권위주의 정권은 자신의 권력을 강화하고 지키는 거짓으로 진실을 덮으려 노력한다. 지금 같은 디지털 시대에는 그 과정이 훨씬 간단하고 수월하다.

권위주의 정권은 자유 언론을 공격할 뿐 아니라 자체 매체를 설립한다. 오스트리아 자유당 역시 FPÖ-TV, 주간지 〈추어 차이트(Zur Zeit)〉, 웹 사이트 unzensuriert.at 같은 다양한 채널을 이용해 자신들의 정치적 견해를 뒷받침할 온갖 검증되지 않은 주장들을 펼친다. 〈인포 디레크트(Info Direkt)〉〈보헨블리크(Wochenblick)〉〈알레스 로거?(alles roger?)〉 같은 잡지의 편집부에도 자유당 간부들이 포진해 여론몰이를 하고 있다. 자유당 출신 내무부 장관 헤르베르트 키클(Herbert Kickl)의 내각에서 커뮤니케이션 분야를 담당했던 unzensuriert.at의 예전 편집장은 심지어 아예 대놓고 매체는 독립적 저널리즘의 수단이 아니라 정치 운동의 지원책이라고 말하기도 했다. 아이러니하게도 조지 오웰의 다음과 같은 말을 빌려서 말이다. "저널리즘은 누군가 인쇄되지 않기를 바라는 것을 인쇄하는 것이다. 다른 건 전부 광고다."

그 말은 곧 우리가 포스트팩트 시대를 살고 있다는 뜻일까? 2016년 독일어권에서 '올해의 말'로 선정된 '포스트팩트'는 사실을 중심에 세우지 않는 정치사상과 정치 행동을 일컫는다. 하지만 따지고 보면 언제나 팩트는 감정에 비해 부차적 역할밖에 하지 못했다. 인간은 항상 불쾌한 인식을 거부하고 통계적 사실보다 자신이 느끼는 진리를 더 믿어왔다. 그건 새로울 것이 없는 사실이다. 하지만 민주주의 사회에서 거짓말이 의도적이고 체계적으로 정치의 수단으로 사용되는 일은 유례가 없던 새로운 현상이다.[88] 전체주의 사회에서는 늘 그래왔다. 그런 사회에선 의도적인 조작과 공격, 자유 언론의 해체가 일상사다. 하지만 이제는 민주주의 사회까지도 불쾌한 인식을 거부하고 '대안 사실'로 진실을 뒤덮는다. 우파 포퓰리스트들과 많은 에너지 기업들이 그렇게 강력하게 기후 변화를 반박하는 것도 우연은 아니다. 그래야 자신들의 행동 방식과 기존의 라이프 스타일을 유지할 수 있을 것이고 막대한 부과금을 피할 수 있을 것이다. 이로써 우리는 진실 공격의 새로운 형태와 마주하게 되었다. 진실과 거짓을 정하는 것은 독립된 사실과 의견의 다양성, 이성이 아니다. 정치권력이 진실과 거짓을 가른다.

자유주의 질서를 위태롭게 만드는 정치적 무관심

자유주의 문화가 무엇이며 그 기틀이 무엇인지에 대한 고민은 더 이상 국민의 의무가 아니다. 아이들 역시 자립과 성년, 자기 책임보다 어떻게 하면 취직을 잘 해 자본주의 시장에 잘 적응할지를 먼저 배운다. 많은 사람들이 어떻게 하면 권리는 최대한 많이 누리면서 책임은 최대한 회피할 수 있을지 고민한다. 수동적으로 소비하고 아이들처럼 재미만 추구하면서 책임은 기존의 사고 체계나 정치 엘리트들에게 떠넘겨버린다. 그러나 자유주의 질서가 유지되려면 그곳에 사는 사람들이 일정 정도의 불확실성을 견디면서 쉬지 않고 진리를 추구해야 한다. 자유는 치열하게 싸워 얻은 연약한 체계이다. 그 대가는 자기 책임과 쉼 없는 감시이다.

정치에 관심 없어요! 그렇게 말하는 것은 특권 행위다. 비정치적일 수 있는 것도 특권이기 때문이다. 비정치적이어도 괜찮으려면 ─ 자신의 성별, 재산, 인종, 성적 지향 덕분에 특권적 지위를 누릴 수 있어서─ 품위 있는 삶과 안전이 보장되어야 한다. 그럴 때는 차별이나 억압 같은 무거운 주제들이 계속해서 현안으로 대두되면 따분하고 피곤하다고 느낄 수도 있다. 그러나 이제 그 우는 소리 좀 그만 들었으면 좋겠다고 말하는 그들은 아직도 많은 사람들이 자신의 안전을 위해 투쟁하고 있다는 사실을 기억해야 한다. 그렇게 흥분할 일이 아니라 우파 포퓰리즘이나 다른 극단적 정당이 권력을 장악하면 무슨 일이 일어나는지 일단 두고 보자고 말하는 것은 위험하지 않은 자신의 특권적 지위를 자랑하는 것과 같다. 그런 행동이 타인에게는 실존적 문제를 제기한다. 나는 결혼의 권리를 보장받을 수 있을까? 나는 건강하게 살 수 있을까? 앞으로도 이 나라에 계속 체류할 수 있을까? 나의 신체를 주체적으로 대할 수 있을까?

물론 특권을 누리지 못하는 집단들도 정치에 염증을 낼 수 있다. 하지만 그들의 경우 체념의 형태, 그러니까 정치에 대한 높은 불만과 부진한 참여의 형태를 띤다. 정치에서 느끼는 불쾌감은 때로 영국 사회학자 콜린 크라우치(Colin Crouch)가 '포스트 민주주의'라고 부르는 것에서 나오기도 한다. 즉 민주주의 시스템을 떠받치는 시민의 힘이 약해졌기 때문이라는 것이다.[89] 그 말은 정치의 내용이 국민의 바람이 아니라 점점 더 경제의 바람과 욕망을 지향한다는 뜻이다. 혹은 선거전에서 떠들던 내용들이 정작 선거가 끝난 후에는 정부 정책 프로그램에 전혀 반영되지 못한다는 뜻이다. 그래서 민주주의는 껍질이 되고, 시민은 관객으로 전락하고 만다. 권력은 국민에게서 나온다는 민주주의의 원래 이념이 알맹이 빠진 빈말이 되어버렸다.

전체적으로 볼 때 이제 복잡성은 모든 시민의 일상적 과제가 아니다. 복잡한 것은 무섭고 골치 아픈 것이다. 많은 사람들이 어릴 적부터 흑백 논리와 함께 자란다. 그렇게 되면 사람들은 좋거나 나쁘고, 나를 사랑하거나 증오한다. 타인을 희생양으로 삼아 죄를 뒤집어씌우면 질서와 통제의 기분이 든다. 안전과 명료함의 욕망은 너무도 커서 아무 정보도 없는 것보다는 거짓 정보라도 듣는 편이 더 안심이 된다. 그럼 그 사건을 정리·정돈할 수 있으니 무력감에서 벗어날 수가 있다.

나와 의견이 다른 사람과 소통하지 않고 나와 다른 의견을 무조건 차단해버리면 집단 간의 구분과 적대감이 자라고 탈정치화가 심화된다. 나와 교류하는 모든 사람이 나와 정치적 견해를 같이한다면 그것에 의문을 제기할 필요가 없을 것이다. 꼭 타인의 세계관을 공유하거나 그것에 감탄할 필요는 없다. 하지만 다른 세계관을 인정하고 용인하며, 그것을 토론의 장으로 이끄는 것이야말로 민주주의가 유지되기 위한 필수 조건이다.

2

유권자들의
경시

사실이 틀려도 나는 옳다

'어쨌든 내 생각이 옳아. 다른 사람들이 이해를 못 했을 뿐이야.' 모두가 이렇게 생각한다. 어떤 것을 이해하기 위해 굳이 그 사태를 정확히 알아야 할 필요는 없다. 입장은 구체적 정보에 좌우되는 것이 아니라 생활 환경, 경험, 만나는 사람, 직업, 경제 상황, 가족 상황, 주거지, 건강, 연령, 교육 등에 좌우된다. 교육 수준이 높은 사람들도 자신이 반대하는 정치가의 정책에 선뜻 동조하지 못한다. 속으로는 정말 괜찮다고 생각하는 정책이 있어도 반대 정당 소속이기에 동조는 하지 못한다.

미국 스탠퍼드대학교에서 대학생들을 대상으로 실시한 설문 조사 결과를 보면 한번 택한 입장은 좀처럼 변치 않는다는 사실을 알 수 있다. 사실 자료를 바탕으로 자신의 잘못이 밝혀진다 해도 곧바로 확신을 버리고 그 사실을 받아들이지는 못한다. 다시 말해 견해는 지성적 관점이나 사실만을 바탕으로 확립되지 않는다. 예를 들어 나라에서 돈을 받아서 그 돈으로 먹고사는 사람들이 점점 늘어난다는 뉴스를 보았다고 가정해보자. 한쪽에서는 그 뉴스를 보고 이렇게 생각한다. '게을러빠진 인간들. 노력해서 직장 구할 생각은 안 하고 편하게 놀고먹다니.' 다른 쪽에서는 날로 일자리가 부족해지고 사회 불평등이 심화되고 있다고 해석할 것이다. 이민자의 범행이 늘고 있다는 뉴스를 들으면 한쪽에서는 이민자는 범죄 성향이 높은 만큼 강력한 법을 제정해야 한다고 주장한다. 다른 쪽에서는 이민자 차별을 줄여야 이들도 우리 사회에 동화될 수 있을 것이라고 주장한다. 한마디로 우리를 가르는 것은 사실이 아니라 우리의 도덕적 가치다.

실제로 사회적 관심이 사회 통합에 있다면 입장이 다른 사람과 의미 있는 정치적 논의를 할 수 있는 방법을 고민할 것이다. 그러나 그건 고단하고 힘든 길이다. 상대를 바보라고 손가락질하고 상대의 몰이해를 독선적으로 비난하는 편이 더 간단하고 편하다. 애당초 자신이 옳다고 생각하면 흐뭇한 우월감이 들게 마련이다.

언어학자 조지 레이코프(George Lakoff)는 우리는 항상 자신의 도덕적 틀에서 자신의 도덕적 가치의 언어로 논리를 펼친다고 주장한다. 따라서 같은 사실을 가지고 다른 도덕적 가치를 가진 사람을 설득하기란 무척 힘이 든다. 그러므로 한 사람이 어떤 문제에 대해 어떻게 해서 그런 태도를 취하게 되었는지를 이해하는 가장 효과적인 방법은 가장 깊숙한 곳에 자리한 가치관을 살피는 것이다. 가령 당신은 지금 스모그 방지법의 제정을 위해 힘쓰는 중이다. 대부분의 사람들은 환경 문제를 거론하기만 해도 충분히 당신의 입장에 동의해줄 것이다. 하지만 어떤 이에게는 가족의 건강을 위해 그 법이 꼭 필요하다고 주장하는 편이 더 효과적일 수 있다. 미세먼지는 정서적 감흥을 불러일으키지 못하는 딱딱한 개념이지만 가족의 건강은 거의 모든 사람에게 큰 관심사다. '건강한 가족'을 위해 '더 많은 국가 규제'가 필요하다는 논리로 연결한다면 다양한 집단이 설득될 가능성도 더 커질 것이다. 그러므로 생태사회적 미래를 중심 정책으로 삼는 정당들이 하루 벌어 하루 먹고사는 사람들에게 다가가지 못하는 것도 당연한 결과로 보인다. 비록 그 정당이 그들의 이익을 대변한다고 해도 그들에게 그런 정책은 그저 추상적이고 공허할 뿐이다.

이해가 곧 동의는 아니다

토론을 끝내는 편한 방법은 그냥 문을 꽉 닫아버리는 것이다. 예를 들어 오스트리아로 들어오는 이주민의 물결이 정점에 이르렀을 무렵 한 TV 프로그램 진행자가 지나가는 중년 여성을 붙잡고 의견을 물었다. 그녀는 난민들이 수용소의 음식에 불평이 많다는 소리를 들었다고 말했다. 그러면서 자신도 유고슬라비아에서 오스트리아로 망명을 온 사람이지만 예전에는 빵 한 쪽만 얻어도 좋아했다며, 그 사람들이 음식 투정을 하는 것은 너무 뻔뻔한 짓 아니냐고 비난했다.

우리가 진행자라면 이 여성을 어떻게 평가할 수 있을까? 이방인에게 적대적인 사람이라고 속으로 비난할 경우 더 이상 그녀에게 할 말이 없을 테니 대화는 거기서 끝날 것이다. 하지만 몰려드는 이주민들을 보면서 힘들었던 과거를 떠올렸을 그녀가 딱하다고 생각한다면 그 입장을 조금이나마 이해할 것이고 지금은 그때와 상황이 많이 다르지 않으냐고 다시 한 번 그녀에게 물어볼 수 있을 것이다. 그녀의 반응에 대한 우리의 반응은 우리의 목표가 무엇인지에 달려 있다. 가장 간단한 방법은 상대를 경멸하며 대화의 문을 걸어 잠그고 도덕적 우월감을 느끼는 쪽일 것이다.

분명한 것은, 이해를 하려면 정확하게 들여다봐야 한다. 그러나 상대의 입장과 논리보다 상대의 정치적 신념이 더 중요하다면, 공감이 자기 집단의 구성원에게만 주어지는 것이라면 우리는 결코 상대를 자세히 들여다볼 수 없다.

특권을 누리지 못하는 사람일수록 우월감을 느끼기 위해 불이익을 당하는 다른 집단을 경멸한다는 주장이 많다. 독선과 경시는 '하류층'인 사람들의 전형적인 태도라고 말이다. 그러나 엘리트라고 해서 남을 무시하지 않는 것은 아니다. 아니, 오히려 엘리트층에서 그런 현상이 더 두드러진다. 다만 사회에서 그들의 행동을 문제 삼지 않을 뿐이다. 해석의 권리가 그들에게 있기 때문이다. 자고로 역사를 쓰는 자가 어떤 역사를 어떻게 쓸지도 결정한다. 비관용과 불신과 경시를 '남에게' 밀어버리면 자기 집단은 성가실 일도 없고 우월감까지 느낄 수 있다. 독선적 시선이 다시 한 번 자신의 정당성을 입증하는 것이다. 저널리스트 엘리자베스 라에터 (Elisabeth Raether)는 주간지 〈차이트〉에 이런 글을 실었다.

남의 어리석음보다 자신의 어리석음에 더 관대한 것이 인간이다. 하지만 무엇이 어리석지 않은지를 누가 결정하는가? 누가 진짜 근심과 가짜 근심을 결정하는가? (…) 노동자와 실업자들에게도 당연히 트랜스젠더 자식이, 동성애자 딸·아들이 있을 것이고, 그들은 그 자식을 몹시 사랑할 것이다. 또 당연히 이 사회에서 배제당한 이들이야말로 기후 변화의 영향으로 고통받을 것이다. 그럼에도 우리는 우리의 열린 태도를 차별의 특징으로 삼았다. 우리는 우월감을 자랑할 그 어떤 기회도 놓치지 않았다. 우리는 그들보다 훨씬 지적이며

유머 감각이 뛰어나고 똑똑하다. 우리는 분리수거를 하고 우리의 문법은 완벽하다.[90]

그러나 정작 반대편에서는 엘리트들의 이런 도덕적 우월감을 자뻑이나 무지로, 세상 물정 모르는 고리타분한 생각으로 치부하고 경멸한다. 하지만 엘리트를 향한 부정적 태도는 존중을 바라는 소망의 표현일 수 있다. 그들한테 인정받고 싶어서 오히려 그들을 의도적으로 내려다보는 것이다. 인정의 욕망을 멸시를 통해 전달하는 셈이다.

따라서 어느 집단 소속이냐는 중요하지 않다. '남들'을 어떻게 대하는지가 더 중요하다. 의견이 다른 사람들과 만나고 접촉하는 일이 드물어서 대부분의 사람들은 가상 세계와 현실 세계를 막론하고 거의 생각이 같은 사람들끼리만 어울린다. 우파 포퓰리즘의 지지자들만이 아니라 스스로를 리버럴하고 개방적이라고 생각하는 사람들도 다르지 않다.

생각이 다른 사람들과 '진정한' 접촉을 하는 대신 의도적으로 낯선 환경을 시찰하는 사람들도 있다. '슬러밍(Slumming)'이 대표적이다. 도시 외곽의 악명 높은 술집처럼 사회적 지위가 자신보다 훨씬 낮은 사람들이 모이는 곳을 일부러 찾아가는 것이다. 그 의도는 말할 것도 없이 관음증적 시찰이다. 일종의 계급 관광인 셈이다. 반대로 낮은 계급에서 높은 계급을 시찰하는 일은 애당초 불가능하다. 돈도 돈이거니와 옷차림, 언어, 차림새 등이 전부 출입을 막는 바리케이드다. 정치권에서 '사회적 격차'라 부르는 것들 말이다.

대중의 불안보다 실제 현실에 주목하라

진보 언론들은 교육 수준이 낮은 우파 포퓰리즘 유권자들을 진지하게 생각하지 않고 그냥 정신 나간 인간들로 취급해버리는 경향이 있는 것 같다. 그래서 사회민주주의 진영이 인기를 회복하려면 우리가 그들의 목소리를 진지하게 들어준다는 기분이 들게끔 해주어야 한다는 주장이 정치학자들이나 좌파 진영에서 심심찮게 등장하고 있다. 하지만 이것이야말로 독선의 시작이다. 그 사람들에게 다시 그들의 목소리를 진지하게 들어준다는 기분이 들게끔 할 것이 아니라 실제로 그들의 목소리를 진지하게 들어야 한다. 정치가 자신들을 너무 오랫동안 홀대했다는 그들의 기분은 기분을 넘어서는 현실이다. 정치적 결정과 소비 기회에서 아무런 힘도 없다는 그들의 느낌은 막연한 기분이 아니라 진짜 현실이다.

"사람들의 불안을 진지하게 생각해야 한다"라고 말하는 사람들이 많다. 하지만 그 말은 사람들이 심리에 갇혀 있을 뿐, 합리적으로 '올바른' 입장을 취할 수 없다는 가정을 깔고 있다. 그런데 그들이 어떤 입장을 취하게 된 것은 어쩌면 불안 때문이 아니라 실제로 다른 정치적 견해나 개인의 경험 탓이었을지도 모른다. 어떤 선생님이 담임을 맡은 반 아이들 중에서 학교에 칼을 들고 오는 아이들이 날로 늘어나고 있다면, 그 선생님에게 국가의 범죄율이 떨어졌다는 통계가 과연 무슨 도움이 되겠는가? 그것은 막연한 불안이 아니라 일상의 현실이다.

따라서 여기서 우리는 앞서 언급한 지점으로 되돌아간다. 기분이나 느낌이 아니라 사회 문제를 먼저 진지하게 생각해야 하지 않을까? 독일 코미디언이자 방송 사회자 플로리안 슈뢰더(Florian Schröder)는 2017년 2월 서부독일방송(WDR)의 〈자정의 독설(Mitternachtsspitzen)〉에서 '국민의 불안을 진지하게 생각하라'는 요구를 오만이라고 단정 지었다.

> 모든 사람의 불안을 진지하게 생각하는 것은 의미가 없습니다. 자기들은 사실 잘 살고 있다고 말하는 사람들의 불안은 더욱 그렇습니다. '불안'이라는 말을 증오의 완곡한 표현으로 이용하는 사람들의 불안도 더 말할 것이 없습니다. 모든 사람의 불안을 진지하게 생각할 필요는 없습니다. 훌륭한 심리치료사는 환자의 불안을 진지하게 생각하지 않습니다. 환자에게 그 불안을 이해하고 극복해 무엇이든 할 수 있는 방법을 알려주려 노력하지만 환자의 불안을 진지하게 생각하지는 않습니다. 사람들이 저의 불안을 항상 진지하게 생각했다면 저는 걷는 법도 배우지 못했을 것이고 자전거에 올라보지도 못했을 것이며 기차나 비행기를 타보지도 못했을 겁니다. (…) 이제 당신들이 "그건 오만이야"라고 한다면 나는 "아니, 대립을 유도하는 거

야"라고 말할 겁니다. 모든 사람의 불안을 진지하게 생각하고 그것을 하염없이 부추겨 불안에 떠는 사람들에게서 불안의 극복 가능성을 앗아버리는 것이야말로 오만일 테니까요.

전체적으로 이런 질문도 제기된다. 어떤 불안을 진지하게 생각해야 하는 것일까? 진지하게 생각한다는 것은 또 무슨 뜻인가? 정치적 조치로 대응한다는 뜻인가? 비합리적 불안을 진지하게 생각한다는 것은 그것을 불안으로 봐야지, 실질적인 정치적 조치의 계기로 보아서는 안 된다는 뜻을 내포한다. 정치적 조치는 실제 사회 발전을 기반으로 취해야 하는 것이기 때문이다. 가령 더 낮은 계급으로 추락할까 봐, 지금 누리고 있는 복지를 잃어버릴까 봐 불안한 마음은 진지하게 받아들여 정치적 조치를 동반한 실질적 사회 변화의 기틀로 삼아야 하는 불안이다. 하지만 어떤 불안은 비합리적이고, 어떤 불안은 정당하고 구체적이어서 진지하게 생각할 만한지를 과연 누가 결정한단 말인가?

한 가지는 명확하다. 불안을 극복하는 최고의 방법은 그 불안과 대면하는 것이다. 불안의 원인으로 추정되는 상황으로 들어가는 것이다. 가령 우파 포퓰리즘이 자주 써먹는 외국인에 대한 불안의 경우 그 낯선 이방인들과 접촉하면 된다. 사회심리학 연구 결과를 보아도 이주민에 대한 입장이 긍정적으로 바뀌거나 이주민을 보다 현실적으로 바라보게 되는 상대적으로 간단한 조처가 그들과의 접촉이다. 난민을 반대하는 대부분의 사람들은 일상에서 그들을 만날 기회가 없다. 이방인을 향한 적대감이 가장 심한 곳은 그들을 신문에서밖에 만날 수 없는 지역이다. 트라이스키르헨은 인구가 채 1만 9000명도 안 되는 오스트리아의 소도시이다. 이곳의 난민 캠프에는 수백 명의 난민이 살고 있다. 2015년 여름의 경우 무려 난민 숫자가 4000명까지 치솟기도 했다. 2018년 지방 선거에서 이 지역은 사회민주당이 42.82%의 득표율을 올려 과거에 비해 7%가 늘었다. 반면 '서양의 이슬람화를 반대하는 애국 유럽인'(Patriotische Europäer gegen die Islamisierung des Abendlandes, 2014년 10월에 결성된 독일 극우 단체—옮긴이)의 아성인 작센주의 경우 무슬림의 비율이 0.5%에 불과해 이슬람과 '과도한 난민'에 대한 불안이 매우 크다.[91] 난민에 대한 입장은 상당 부분 그들을 개인적으로 알 수 있는 기회에 좌우된다.

정체성 정치와 건강한 토론을 막는 문화

우파 포퓰리스트들은 백인 이성애자 남성처럼 패배감에 젖은 사람들에게 '정체성 정치'의 민족주의적 버전을 제시한다는 말을 많이 듣는다. 그러나 이런 식으로 문화, 이미지, 체면을 부각하는 정치 형태는 교육 수준이 높은 젊은 사람들에게서도 두드러진다. '여성으로', '동성애자 남성으로', '무슬림으로' 같은 말들이 그들의 일상에서 자주 사용된다.

이런 형태의 정체성 정치는 나르시시즘 성향을 띨 수 있다. 타인과의 연대보다는 자기 성찰을 더 채근하기 때문이다. 다시 말해 정체성의 다변화에 역점을 두다 보니 자신의 사회적 정체성이 무엇인지 고민하지 않는 낮은 계층과의 연대에는 신경을 쓰지 못하는 것이다. 이는 자신의 용어와 세계관을 남들도 인정하기를 바라는 엘리트들의 욕망으로 볼 수 있다. 인정을 하지 않으면, 그건 인신공격과 다름없다. 이런 식의 생각은 스스로 짊어진 피해자 역할을 정치의 영역으로 떠안고 가려는 경향과 함께 이들을 비생산적인 궁지로 몰고 간다.

이주민 정책을 비판하는 사람들을 무조건 멍청하고 비인간적이라고 욕하며 사회적으로 배제해버리면 그들에게 남은 공간은 한 곳뿐이다. 그들이 자기 의견을 표현할 수 있는 곳은 익명의 투표소밖에 없다. 나와 생각이 다른 사람을 무시하고 욕하는 태도는 민주주의를 위협한다. 어떤 집단도 비방과 사회적 고립을 당하지 않는 토론 문화가 훨씬 바람직할 것이다.

토론을 가로막는 또 하나의 장애물은 거친 직설을 선호하는 태도이다. 특히 교육 수준이 낮은 사람들에게서 그런 경향이 많이 나타난다. '알아듣기 쉽게 말하는', 다시 말해 극단적이고 도발적인 표현으로 사실을 축소하는 정치가를 용감하고 강하다고 생각한다. 복잡한 연관 관계를 분석하면 본론은 건드리지도 않고 빙빙에두르기만 한다고, 중언부언이라고 비난한다. 정치가는 복잡한 현실을 슬로건과 힘찬 구호로 축약할 수 있고 '손쉽게 장악'한 척

해야만 성공을 거둘 수 있다.

그나마 교육을 많이 받은 사람들은 사회적 상황이 보기보다 복잡하다는 사실을 잘 안다. 가령 실업 같은 사회 현상은 수많은 요인들에 의해 발생하기에 단순히 '외국인은 나가라!'라는 구호로는 해결될 수 없다는 사실을 잘 안다. 하지만 최고 교육 기관의 졸업장이 반드시 정보나 교양과 동일하지는 않다. 우리의 교육 기관역시 경제화가 날로 심해져서 노동 시장에서 잘 팔릴 만한 자질에만 초점을 맞추기 때문이다. 대학에서 가르치는 내용도 점점 직업과의 연관성을 더 우선으로 삼고 경제와 노동 시장의 이해관계에좌우된다. 비판적 자기 성찰, 인류가 직면한 문제들, 독립적 주체로의 성장이나 인문 교양은 점점 더 뒷전으로 밀려난다. 정치 담론을 비판적으로 읽을 수 있는 능력은 민주주의의 기초가 아니라특권층의 토양에서 자라는 '난초'가 된다.

전체적으로 볼 때, 상류층 역시 단순한 집단 정체성의 따뜻한품을 동경한다. 정확히 보고 이해하는 진리의 지킴이를 자처하지만 그들 역시 스스로가 비판하는 그 사람들의 원리를 추종한다.그 원리는 바로 자기 집단 바깥의 타인들에게 던지는 독선적 시선이다. 그 타인들을 설득해 동화시키거나 거부하고 배제해버릴 동질 집단으로 뭉뚱그리는 독선적 시선 말이다.

독선에서 자유로운 사람은 없다

한 사회를 하나로 묶어주는 것이 무엇일까? 오래전부터 끊임없이 물어왔지만 지금도 여전히 유효한 질문이다. 반대로 어떤 힘이 사회를 가르고 나눌까? 무엇이 사회의 결속을 방해하는가? 아마 불평등도 여러 대답 중 하나일 것이다. 사회 구성원들의 특성이 엄청나게 다채롭고 다양해야 하는 것은 아니다. 그러나 타인에 대한 불평등한 경제적, 도덕적 평가는 사회의 결속에 쐐기를 박는다. 안타깝게도 대부분의 사람들은 평등을 원치 않는다. 스스로의 '개방성'과 '관용' 점수를 엄청나게 높게 주면서도, 아니 오히려 그렇다고 믿기에 더욱 상대와 나를 구분하고 경계 지으려 한다.

추락할지 모른다는 중산층의 불안과 그로 인한 경계 짓기는 다양한 형태로 나타난다. 자기 자식은 어떻게든 잘되기를 바라는 교육열에서부터 하류층을 멸시하는 태도에 이르기까지, 중산층은 이런저런 핑계를 대며 선을 긋기에 바쁘다. 높은 계층에 속한다는 것은 더 가치가 있다는 뜻이다. 그러니 나쁜 집단과 거리를 두어야 하고 나쁜 집단의 악영향을 피해 가야 한다. 이런 식의 판단 기준이 과연 옳은지, 그것이 사회 불평등에 얼마나 큰 기여를 하는지, 쉬지 않고 성찰하고 고민할 필요가 있다.

독선의 게임 방식과 표현 형태는 다양하다. 유행이 지난 것도 있고 여전히 잘 먹히는 것도 있으며, 새롭게 등장한 것도 있다. 변치 말아야 할 것은 도덕적인 우월감과 경멸을 조장하는 세력을 잘 살피고 공개해 널리 알리는 일, 그리고 남을 향하는 엄격한 시선을 자주 자신에게로 돌리는 일이다. 이런 패턴에서 자유로운 사람은 없기 때문이다. 그렇게 본다면 적어도 이 점에서는 우리 모두가 평등한 셈이다.

주

chapter 1 일

1. Tokumitsu, Miya (2015): Do What You Love: And Other Lies About Success and Happiness. New York: Regan Arts.

2. Aschoff, Nicole (2015): The New Prophets of Capital. New York: Verso.

3. Han, Byung-Chul (2015): The Burnout Society. Stanford: Stanford University Press.

4. Ehrenberg, Alain (2004): Das erschöpfte Selbst. Depression und Gesellschaft in der Gegenwart. Frankfurt: Suhrkamp.

5. Marx, Karl (1962): Das Kapital. Kapitel 14, S. 531. Berlin: MEW. K. Marx, Kapital I, MEW 23, S. 531.

6. Crawford, Matthew B. (2009): Shop Class as Soulcraft. An Inquiry into the Value of Work. London: Penguin Books.

7. Taylor, Frederick Winslow (1919): Die Grundsätze wissenschaftlicher Betriebsführung. München: Oldenburg. Zitate S. 33 & 40.

8. Moritsch, Hans Stefan / Wanka, Anna / Pintsuk-Christof, Julia (2017): Practice Based Research − Manual and Material Culture. Endbericht. St.Pölten: New Design University.

9. Nascimento, Albio (2009): Reinventing Modernity through Tradition: Product Development in Traditional Craftsmanship. In: Nordes, No 3, S. 1 ff.

10. Lears, Jackson (1981): No Place of Grace. Antimodernism and the Transformation of American Culture, 1880~1920. Chicago: The University of Chicago Press.
11. Reckwitz, Andreas (2012): Die Erfindung der Kreativität. Zum Prozess gesellschaftlicher Ästhetisierung. Frankfurt: Suhrkamp.

chapter 2 성

12. Vgl. Cyba, Eva (2000): Geschlecht und soziale Ungleichheit. Konstellationen der Frauenbenachteiligung. Wiesbaden: Springer.
13. Madonna (2010): http://madonna.oe24.at/highlights/Leading-Ladies-Awards-Frauen-Auszeichnung-Kind-Karriere/1288682, abgerufen am 25. Mai 2018.
14. The Man Who Has it All (2016): From Frazzled to Fabulous: How to Juggle a Successful Career, Fatherhood, 'Me-Time' and Looking Good. London: Bantam Press.
15. 남성의 전략에 순응하라는 이런 식의 요구는 특히 직업 세계에서 많이 들리는 소리다. 여성의 장점인 인간관계 능력과 섬세함은 성공에 아무런 도움이 되지 않는다. 그렇다고 해서 여성이 카리스마가 넘쳐도 가만두지 않는다. 너무 남자 같다고 쑤군대고 심지어 'bossy' 하다는 비난까지 들어야 한다. 미국 가수 비욘세는 그런 비난에 이런 멋진 대답으로 응수했다. "I'm not bossy, I'm the boss."
16. Senta Trömel-Plötz (Hg.) (1988): Gewalt durch Sprache. Die Vergewaltigung von Frauen in Gesprächen. Frankfurt/Main: Fischer.
17. Tigue, Cara C. / Borak, Diana J. / O'Connor, Jillian J. M. / Schandl, Charles / Feinberg, David R. (2012): Voice pitch influences voting behavior. Evolution and Human Behavior 33 (3): S. 210 ff.
18. Xu, Yi / Lee, Albert / Wing-Li, Wu / Liu, Xuan / Birkholz, Peter (2013): Human Vocal Attractiveness as Signaled by Body Size Projection. PLoS ONE 8 (4): e62397.
19. 라이프치히대학병원 성인 연구 (2015), https://www.uniklinikum-leipzig.de/presse/Seiten/Pressemitteilung_5830.aspx, abgerufen am 25. Mai 2018.
20. Haeberle, Erwin J. (1985): Die Sexualität des Menschen: Handbuch und Atlas. Berlin: De Gruyter.
21. Time (2017): http://time.com/money/4701623/california-tampon-tax/, abgerufen am 26. Mai 2018.
22. Opperman, Emily / Braun, Virginia / Clarke, Victoria / Rogers, Cassandra (2013): "It Feels So Good It Almost Hurts": Young Adults' Experiences of Orgasm and Sexual Pleasure. The Journal of Sex Research 51 (5): S. 503 ff.

23. 남녀의 색깔 구분이 이 정도에 이른 것은 얼마 되지 않았고 주로 광고의 영향 탓이다. 1970~80 년대만 해도 성별 구분 없이 아이한테 같은 색깔의 우주복을 입히고 같은 색의 세발자전거를 사주었다. 하지만 요즘엔 딸한테는 분홍색 헬로 키티 우주복을 입히고 분홍색 세발자전거를 사주며, 아들한테는 검은색 배트맨 우주복을 입히고 파란색 자전거를 사준다.

24. Bigler, Rebecca S. (1995): The Role of Classification Skill in Moderating Environmental Influences on Children's Gender Stereotyping: A Study of the Functional Use of Gender in the Classroom. Child Development 66 (4): S. 1072 ff.

25. Number of mass shootings in the United States between 1982 and February 2018, by shooter's gender. https://www.statista.com/statistics/476445/massshootings-in-the-us-by-shooter-s-gender/, abgerufen am 19. April 2018.

26. Katz, Jackson (2006): The Macho Paradox: Why Some Men Hurt Women and and How All Men Can Help. Naperville: Sourcebooks.

27. DiPrete, Thomas A. / Buchmann, Claudia (2013): The Rise of Women. The Growing Gender Gap in Education and What It Means for American Schools. New York: Russell Sage Foundation.

chapter 3 이주

28. Der Spiegel (2016): Die Zäsur. http://www.spiegel.de/politik/deutschland/fluechtlinge-71-leichen-im-lkw-die-tragoedie-von-parndorf-a-1107772. html, abgerufen am 13. Juni 2018.

29. Mediterranean Situation: http://data2.unhcr.org/en/situations/mediterranean, abgerufen am 14. Juni 2018.

30. The Independent (2015): "If these extraordinarily powerful images of a dead Syrian child washed up on a beach don't change Europe's attitude to refugees, what will?" https://www.independent.co.uk/news/world/europe/if-these-extraordinarily-powerful-images-of-a-dead-syrian-child-washedup-on-a-beach-don-t-change-10482757.html, abgerufen am 13. Juni 2018.

31. Rosenberger, Sieglinde / Stern, Verena / Merhaut, Nina (Hg.) (2018): Protest Movements in Asylum and Deportation. Springer/Imiscoe Research Series.

32. Elias, Norbert / Scotson, John Lloyd (1954): The Established and the Outsiders: A Sociological Enquiry Into Community Problems. London: Cass & Company.

33. 2008년 4월에 유니세프가 여론 조사 기관 갤럽의 자료를 바탕으로 발표한 수치다. 2018년 1월 조지 소로스의 오픈소사이어티재단이 조사한 결과도 비슷한 수치였다.

34. 유럽 반인종주의·불관용위원회(ECRI)는 유럽연합과는 관련이 없는 유럽회의(Council of Europe)의 독립 단체이다. 유럽회의는 유럽 국가들의 정부 협력 기구이다.

35. Sutterlüty, Ferdinand (2010): In Sippenhaft. Negative Klassifikationen in ethnischen

Konflikten. Frankfurt/Main: Campus.

36. 이런 문화적 의미는 국외 거주자(Expat)가 앵글로색슨적 현상이며 영국 상류층이 대영 제국 곳
곳에 흩어져 살던 식민지 시대의 잔재라는 가정에 기반을 둔다.

37. Schüpbach, Rico (2017): "Expats sind besonders gehätschelte Immigranten". https://www.
infosperber.ch/Gesellschaft/Fluchtlinge-Expats-sindbesonders-gehatschelte-Immigranten,
abgerufen am 10. Juli 2018.

38. Arendt, Hannah (1943): We Refugees. Menorah Journal.

chapter 4   빈부 격차

39. Wiesböck, Laura (2016): A preferred workforce? Employment practices in the Central European
region regarding East-West cross-border labour commuters. Österreichische Zeitschrift für
Soziologie 41 (4): S. 391 ff.

40. Dörre, Klaus (2011): Verwahrloste Unterschicht? Zur Abwertung prekärer Lebensformen im
wirtschaftlichen Leistungsdiskurs. Potsdam: Tagung: Ausgrenzung durch die Mittelschicht.

41. Piketty, Thomas (2014): Das Kapital im 21. Jahrhundert. München: Beck.

42. Neckel, Sighard (2008): Flucht nach vorn. Die Erfolgskultur der Marktgesellschaft. Frankfurt/
Main: Campus.

43. Bröckling, Ulrich (2007): Das unternehmerische Selbst. Soziologie einer Subjektivierungsform.
Frankfurt/Main: Suhrkamp.

44. Bröckling, Ulrich / Krasmann, Susanne / Lemke, Thomas (2000): Gouvernementalität der
Gegenwart. Studien zur Ökonomisierung des Sozialen. Frankfurt/Main: Suhrkamp. Zitat S.
201.

chapter 5   범죄

45. Sutherland, Edwin (1940): White-Collar Criminality. American Sociological Review 5 (1).

46. The Guardian (2018): https://www.theguardian.com/us-news/2018/apr/13/scooter-libby-
trump-pardons-cheney-aide-convicted-of-lying-to-fbi, abgerufen am 2. Mai 2018.

47. The Guardian (2018): "Scooter Libby: Trump pardons former Cheney aide convicted of lying to
FBI", The Guardian vom 13. April 2018, https://www. theguardian.com/us-news/2018/apr/13/
scooter-libby-trump-pardons-cheney-aide-convicted-of-lying-to-fbi, abgerufen am 11. Mai

2018.

거기서 이 구절을 참조했다. "A White House statement said: 'Before his conviction, Mr Libby had rendered more than a decade of honorable service to the nation as a public servant at the Department of State, the Department of Defense, and the White House. His record since his conviction is similarly unblemished, and he continues to be held in high regard by his colleagues and peers.'"

48. Wiener Zeitung (2018): https://www.wienerzeitung.at/nachrichten/wirtschaft/oesterreich/945607_Auch-heuer-schrumpft-dieSchattenwirtschaft.html, abgerufen am 18. Mai 2018.

49. Der Standard (2016): https://derstandard.at/2000044199189/Oesterreichstartet-EU-Pilotprojekt-zu-Steuerbetrug, abgerufen am 18. Mai 2018.

50. Der Standard (2017): https://derstandard.at/2000050408124/28-Milliarden-Heta-Co-treiben-Staatsschulden-hoch, abgerufen am 18. Mai 2018.

51. Die Presse (2016): https://diepresse.com/home/wirtschaft/economist/4991338/Die-Hypo-kostet-125-Milliarden-Euro, abgerufen am 18. Mai 2018.

52. Pataki, Zsolt (2014): The Cost of Non-Europe in the Single Market. 'Cecchini Revisited' An overview of the potential economic gains from further completion of the European Single Market. Brussels: European Parliamentary Research Service.

53. "Law is like a cobweb: it's made for flies and the smaller kinds of insects, so to speak, but the big bumblebees break through."

54. Tørsløv, Thomas R. / Wier, Ludvig S. / Zucman, Gabriel (2018): The Missing Profits of Nations. NBER Working Paper No. 24701.

55. Lerner, Melvin J. (1980): The Belief in a Just World: A Fundamental Delusion. New York: Plenum Press.

56. Cozzarelli, Catherine / Wilkinson, Anna V. / Tagler, Michael J. (2001): Attitudes Toward the Poor and Attributions for Poverty. Journal of Social Issues 57: S. 207 ff.

57. Rubin, Zick / Peplau, Letita Anne (1975): Who Believes in a Just World. Journal of Social Issues 31 (3): S. 65 ff.

58. Hammerl, Elfriede (2017): Opferfeeling. https://www.profil.at/meinung/elfriede-hammerl-opferfeeling-8424217, abgerufen am 3. Juni 2018.

59. Hess, Amanda (2013). The Comfortable, Elegant Chastity Belt For the Modern Rape Victim. http://www.slate.com/blogs/xx_factor/2013/11/04/ar_wear_these_anti_rape_shorts_update_the_chastity_belt_for_the_rape_culture.html?via=gdpr-consent, abgerufen am 3. Juni 2018.

60. Bourdieu, Pierre (1982): Die feinen Unterschiede. Kritik der gesellschaftlichen Urteilskraft. Frankfurt am Main: Suhrkamp.

61. Veblen, Thorstein (1997): Theorie der feinen Leute. Eine ökonomische Untersuchung der Institutionen. Frankfurt am Main: Fischer Verlag.

62. Charles, Kerwin Kofi / Hurst, Erik / Roussanov, Nikolai (2009): Conspicuous Consumption and Race. The Quarterly Journal of Economics, MIT Press 124 (2): 425~467.

63. Quartz, Steven / Asp, Anette (2015): Cool: How the Brain's Hidden Quest for Cool Drives Our Economy and Shapes Our World. New York: Farrar, Straus and Giroux.

64. 자유의 관념에 소비 '의무'를 부과하는 식의 광고는 이미 널리 퍼져 있다. '이 상표의 담배를 피우면 나는 자유롭다.' 자유의 이미지가 소비의 정언 명령을 따르라고 사람들을 부추기는 것이다.

65. Gill, Rosalind (2006): Gender and the Media. Cambridge: Polity Press.

66. Kilbourne, Jean (1999). Deadly persuasion: Why Women and Girls must fight the Addictive Power of Advertising. New York, NY: The Free Press.

67. Johnson, Naomi R. (2010): Consuming Desires: Consumption, Romance, and Sexuality in Best-Selling Teen Romance Novels. Women's Studies in Communication 33 (1): S. 54 ff.

68. 『가십 걸』『에이 리스트』『클리크』는 합쳐서 총 1350만 부가 팔렸고 25개 국의 언어로 번역, 출간되었으며 인기 TV 드라마 시리즈로도 제작되었다. 『가십 걸』과 『에이 리스트』는 독자층이 14세 이상이고 드라마 〈클리크〉는 9~12세를 타깃으로 삼는다.

69. Illouz, Eva (1997). Consuming the Romantic Utopia: Love and the Cultural Contradictions of Capitalism. Berkeley: University of California Press.

70. Jacobin (2016): https://www.jacobinmag.com/2016/10/victorian-values-fitness-organic-wealth-parenthood, abgerufen am 18. Juni 2018.

71. 당시 오스트리아 수상의 부인 크리스티네 브라니츠키는 아무 의욕 없이 마약을 하는 실업 청년들을 골프장으로 보내자고 제안했다. 건실한 사회 계층이 깨끗하고 긍정적으로 여가를 보내는 곳이니만큼 부정적 영향력이 없을 것이라면서 말이다. 현실 감각이 없기는 매한가지다.

72. Goodman, Michael K. (2004): 'Reading FairTrade: Political Ecological Imaginary and the Moral Economy of FairTrade Foods', Political Geography 23 (7): S. 891 ff., Zitat S. 896.

73. Adams, Matthew / Raisborough, Jayne (2008): What Can Sociology Say About FairTrade?: Class, Reflexivity and Ethical Consumption. Sociology 42 (6): 1165~1182.

74. Wiesböck, Laura / Wanka, Anna / Mayrhuber, Elisabeth Anne-Sophie / Allex, Brigitte / Kolland, Franz / Hutter, Hans Peter / Wallner, Peter / Arnberger, Arne / Eder, Renate / Kutalek, Ruth (2016): "Heat Vulnerability, Poverty and Health Inequalities in Urban Migrant Communities: A Pilot Study from Vienna." In: Filho, Walter Leal / Azeiteiro, Ulisses / Alves, Fátima (eds.): Climate Change and Health: Improving Resilience and Reducing Risks. London/

New York: Springer. S. 389 ff.

chapter 7 관심

75. Cain, Susan (2013): Quiet. The Power of Introverts in a World that Can't Stop Talking. New York: Crown Publishing Group.

76. 여기서 말하는 발명은 최초의 원자폭탄이 목표였던 그 유명한 맨해튼 프로젝트나 최초의 재사용 가능 우주선 건조를 목표로 한 나사의 스페이스 셔틀 프로그램 같은 기술적 혁신 프로젝트가 아닌, 아인슈타인의 상대성 이론이나 파인만의 양자역학 같은 정신적 산물을 의미한다. 차이는 개념에서 명확히 드러난다. 발명은 정말로 새로운 아이디어의 탄생이며 이전에는 없던 것의 탄생이다. 혁신은 새로운 아이디어나 이론의 활용을 지칭하며 새로운 제품을 만들기 위한 기술 발전을 뜻한다.

77. Mackinnon, Donald W. (1962): The Nature and Nurture of Creative Talent. American Psychologist 17 (7): S. 484 ff.

78. https://www.berufslexikon.at/berufe/2561-Coach/#anforderungen, abgerufen am 29. Mai 2018. 오스트리아 노동시장서비스의 직업 사전에서 '코치'가 되기 위한 요건을 살펴보면 대부분 외향적인 사람들이 갖춘 능력들이다. 깨끗한 외모, 사교성, 고객 지향성, 조언과 협상 능력, 뛰어난 언어 표현력, 외국어(특히 영어), 프레젠테이션 지식, 사고력, 정확성, 배려, 일반 지식, 눈치, IT 기술 지식, 유연성, 적응력, 신중함 등이다.

79. Grazia (2016): https://www.grazia-magazin.de/5-urlaubsdomizile-fur-spektakulare-selfies-mit-like-garantie-19945.html, abgerufen am 12. Juni 2018.

80. Tandoc, Edson / Ferrucci, Patrick / Duffy, Margaret. (2015): Facebook use, envy, and depression among college students: Is Facebooking depressing? Computers in Human Behavior 43: S. 139 ff.

81. Goffman, Erving (1959): The Presentation of Self in Everyday Life. New York: Anchor Books.

82. Spät, Patrick (2018): Die Würde des Roboters ist antastbar. In ZEIT Online, https://www.zeit.de/digital/2018-06/meinungsfreiheit-social-bots-kalifornien-gesetz-kennzeichnung/komplettansicht, abgerufen am 13. Juni 2018.

83. Foucault, Michel (1993): Überwachen und Strafen: Die Geburt des Gefängnisses. Frankfurt/Main: Suhrkamp.

84. Hitzler, Ronald (2011): Eventisierung. Drei Fallstudien zum marketingstrategischen Massenspaß. Wiesbaden: VS Verlag.

85. Der Standard (2018): "Der Respekt vor dem radikal Bösen faszinierte mich". derstandard. at/2000079529870/Der-Respekt-vor-dem-radikal-Boesen-faszinierte-mich, abgerufen am 11. Mai 2018.

86. Gruen, Arno (2002): Der Kampf um die Demokratie. Der Extremismus, die Gewalt und der Terror. Stuttgart: Klett-Cotta Verlag.

87. Strenger, Carlo (2017): Abenteuer Freiheit: Ein Wegweiser für unsichere Zeiten. Frankfurt/ Main: Suhrkamp.

88. Leusch, Peter (2017): Wahrheit in postfaktischen Zeiten. http://www. deutschlandfunk.de/ meinung-statt-tatsachen-wahrheit-in-postfaktischenzeiten.1148.de.html?dram:article_ id=388227, abgerufen am 20. Juni 2018.

89. Crouch, Colin (2008): Postdemokratie. Frankfurt/Main: Suhrkamp.

90. Die Zeit (2016): "Was macht die Autoritären so stark? Unsere Arroganz". https://www.zeit. de/2016/33/demokratie-klassenduenkel-rassismus-populismus, abgerufen am 17. Mai 2018.

91. Hakenberg, Marie / Klamm, Verena (2016): Muslime in Sachsen. Geschichte, Fakten, Lebens- welten. Edition Leipzig.

내 안의 차별주의자

1판 1쇄 펴낸날 2020년 7월 10일
1판 6쇄 펴낸날 2024년 6월 10일

지은이 | 라우라 비스뵈크
옮긴이 | 장혜경

교 정 | 심재경

펴낸이 | 박경란
펴낸곳 | 심플라이프
등 록 | 2011년 8월 8일(제406-251002011000219호)
주 소 | 경기도 파주시 광인사길 88 3층 302호 (문발동)
전 화 | 031-941-3887
팩 스 | 02-6442-3380
이메일 | simplebooks@daum.net
블로그 | http://simplebooks.blog.me

ISBN 979-11-86757-62-8 03330

- 이 도서의 국립중앙도서관 출판예정도서목록(CIP)은 서지정보유통지원시스템
  홈페이지(http://seoji.nl.go.kr)와 국가자료종합목록 구축시스템(http://kolis-net.nl.go.kr)에서
  이용하실 수 있습니다. (CIP제어번호 : CIP2020020721)